사주로 MBTI 엿보기

사주로 MBTI 엿보기

초판 1쇄 발행 2024년 6월 14일

지은이 이강률
펴낸이 장길수
펴낸곳 지식과감성#
출판등록 제2012-000081호

교정 김지원
디자인 정윤솔
편집 오정은
검수 주경민, 정윤솔
마케팅 김윤길, 정은혜

주소 서울시 금천구 벚꽃로298 대륭포스트타워6차 1212호
전화 070-4651-3730~4
팩스 070-4325-7006
이메일 ksbookup@naver.com
홈페이지 www.knsbookup.com

ISBN 979-11-392-1911-1(03180)
값 17,000원

• 이 책의 판권은 지은이에게 있습니다.
• 이 책 내용의 전부 또는 일부를 재사용하려면 반드시 지은이의 서면 동의를 받아야 합니다.
• 잘못된 책은 구입하신 곳에서 바꾸어 드립니다.

지식과감성#
홈페이지 바로가기

사주로 MBTI 엿보기

이강률 지음

INFJ	INFP	INTJ	INTP
ENFJ	ENFP	ENTJ	ENTP
ISTJ	ISFJ	ISTP	ISFP
ESTJ	ESFJ	ESTP	ESFP

지혜와감정

눈에 넣어도 아프지 않을 손주의 돌 선물로
무엇을 해야 뜻깊을지 고민 끝에 작은 액자를 선물했다.
그 액자에 다음의 문구를 새겼다.

「 $E = mc^2$

진리가 너희를 자유롭게 하리라.
Truth shall make you free. 」

乙　丁　己　辛
巳　卯　亥　丑

INTP
(두 살배기 손주 사주로 풀어 낸 MBTI 성격유형)

진리를 찾아 떠나는 긴 여정에 축복이 가득하길⋯.

시작하며

  22년 전 어느 날 아내가 부산의 유명 역술인이 직접 적은 종이쪽지를 저자에게 내밀었는데, 저자의 사주풀이 내용이었다. 당시 정부출연연구소를 퇴사하고 중소기업의 대표로 재직하고 있던 시기라 재미삼아 읽어 보기로 했다. 찬찬히 내용을 읽어 내려가는 순간, 짜릿한 전율과 함께 뒤통수를 맞은 것 같은 충격을 받았다. 어릴 때의 상황, 당시 종사하는 분야, 직위 등 누가 미리 알려 주지 않으면 알 수 없는 내용이었다. 골수 공학도로 역학에 관심도 없고 믿음도 없던 저자는, 역술에도 어떤 원리나 공식이 있는 것이 아닌가 생각했고, 그때부터 조금씩 관심을 가지기 시작했다. 이 사건이 이 책을 쓰게 된 동기의 시발점이 되었다.
  그러한 시기에 우연한 기회로 낭월 박주현 스님을 알게 되었고 스님의 저서, 비디오테이프, CD 등으로 명리학 공부를 시작하게 되었다. 낭월 스님은 여러 명리학자나 저서에서 주장하는 근거 없는 내용은 과감히 정리함으로써, 오직 음양오행의 생극제화(生剋制化)로 간명하게 적용할 수 있는 이론을 널리 알리면서 임상도 하시는 분이다. 덕분에 저자는 비교적 짧은 시간에, 길을 잃는 혼란 과정 없이 많은 가르침을 받을 수 있었다. 특히 낭월 스님은 대만의 여러 명리학자와의 교류와 연구를 통해, 국내에서는 가장 먼저 사주 심리학의 지평을 연 분이면서 이 분야에서는 가히 독보적인 분이라 할 수 있다. 저자도 낭월 스님의 가르침을 받아 부족하지만 책을 쓰는 용기를 얻게 되었다.

한편 17년 전 저자는 매스컴을 통해 MBTI를 접하게 되었는데, 당시 기업의 중역을 맡았던 시기라 MBTI를 활용한다면 기존 직원이나 신규 직원 채용 시 직무 배치를 위해 유용하겠다는 생각을 했다. 저자는 당시 MBTI 연구소에서 실시하는 단계별 교육과정을 수년에 걸쳐 이수하여 최종 일반강사 자격증을 취득하였다. 지금도 기억에 생생한 것은, 초보과정을 거쳐 보수과정을 이수한 시점에 호기로운 마음으로 딸에게 MBTI 검사를 권유하였고, 딸은 성격유형과 특성을 대학 입학을 위한 자기소개서에 인용하여 좋은 평가를 받았다고 좋아하던 모습이다. 당시에는 매우 생소한 분야로, 신선하게 받아들여진 것으로 생각한다. 최근에야 특히 젊은이들 사이에서 떠오르는 이슈를 당시에 활용하였으니, 선견지명이라 할까 아니면 얼리 어답터라 할까 아무튼 여러 감회가 새롭다.

또한 MBTI 보수과정을 이수한 시점에 모 대학교 심리학과 4학년을 대상으로 교양강좌를 맡게 되었다. 자비로 50여 명의 학생을 대상으로 MBTI와 STRONG 검사를 하여 결과를 개별적으로 제공하였고, 차후에 필요할 것 같아 학생들에게 사주 정보를 받았다. 당시에 저자가 사주 정보를 받은 이유도 사주 심리와 MBTI 성격을 비교, 분석하기 위함이었으나, 기업에서 대표를 맡고 있었던 상황이라 차일피일 미루다 보니 먼지만 쌓인 채 결국 자료를 폐기하였다.

세월이 흘러 지금에 와서 저자가 책을 쓰려고 나선 것이 어떻게 보면 지금까지의 경험과 이력이 작은 씨앗이 되었다는 점에서, 결코 우연은 없구나 하고 생각하면서 엷은 웃음을 지어 본다.

창밖 놀이터에서 뛰어노는 아이들의 재잘거림과 맑은 웃음소리를 들으며…

이강률 씀

차 례

시작하며 ·· 6

제1장 융의 심리학적 유형론

제1절 학설의 배경과 의의 ····························· 14
제2절 일반적 태도 유형과 특수기능 유형 ············ 19
    1. 일반적 태도 유형(General Attitude)
    2. 특수기능 유형(Specific Function Type)
제3절 융의 여덟 가지 성격유형에 대한 이해 ········· 23
    1. 네 가지 합리적 유형
    2. 네 가지 비합리적 유형

제2장 MBTI 둘러보기

제1절 들어가기 ··· 38
제2절 MBTI의 네 가지 선호경향(지표) ············· 41
    1. 태도 : 외향성(E)과 내향성(I)
    2. 네 가지 기능(S, N, T, F)
    3. 판단(J)과 인식(P) : 외부 세계로의 지향
제3절 MBTI의 네 가지 선호경향(지표)의 특징 ····· 49
제4절 MBTI의 16가지 성격유형 ····················· 58
    1. 16가지 성격유형
    2. 16가지 성격유형의 특성

제3장 사주 심리학 둘러보기

제1절 십성(十星)과 십성이 가지는 뜻 ·························· 78
   1. 십성론(十星論)
   2. 십성이 가지는 뜻
제2절 동양철학(명리학)과 서양 심리학의 만남 ················ 108
   1. 들어가기
   2. 팔격론(八格論)
   3. 팔자 분석에 따른 개인의 심리

제4장 사주로 MBTI 엿보기

제1절 들어가기 ··· 162
제2절 사주로 MBTI 엿보기의 근거와 가설 세우기 ············ 165
   1. 사주로 MBTI 엿보기의 이론적 근거
   2. 사주로 MBTI 엿보기를 위한 가설 세우기
제3절 사례로 본 사주로 MBTI 엿보기 ·························· 175
   1. 외향형 지표(E) 사례
   2. 내향형 지표(I) 사례
   3. 감각형 지표(S) 사례
   4. 직관형 지표(N) 사례
   5. 사고형 지표(T) 사례
   6. 감정형 지표(F) 사례
   7. 판단형 지표(J) 사례
   8. 인식형 지표(P) 사례
   9. 네 가지 선호지표가 모두 포함된 사례
제4절 요약하기 ··· 247

아쉬움의 단상(斷想) ·· 252

끝내며 ··· 257

감사의 글 ··· 261

제1장

융의 심리학적 유형론

　융(Carl Jung)은 1875년 스위스의 작은 마을에서 태어났다. 그는 수많은 연구와 임상경험을 통해 분석심리학이라는 분야를 개척한 심리학자이며 '마음의 의사'로 존경을 받았다.
　여기에서는 주로 사주 심리학과 MBTI의 근거가 된 심리학적 유형론에 관해 간략히 소개하고자 한다.

제1절 학설의 배경과 의의

　심리학적 유형론(Psychological Types)은 스위스의 심리학자인 융(Carl Jung)의 학설 가운데서 비교적 초기의 학설이다.
　융의 심층 심리학적 연구는 1903년을 전후한 단어연상검사로부터 시작되었다. 프로이트와 헤어지고 난 후 자신의 인간관계를 되돌아보면서 이미 심리학적 유형론을 준비하고 있었다.
　융은 1921년, 거의 20년에 걸친 연구 결과를 집대성하여 『심리 유형』을 출간하였는데, 이것은 인간의 개인차에 대한 융의 지대한 관심이 집대성된 것이다. 또한 융은 이 학설에 대해, 정신과 의사로서 그가 임상에서 관찰해 온 모든 경험적 자료와 그 밖의 모든 사회 계층에서의 인간관계, 프로이트와 그리고 자신의 반대론자들과의 사이에서 빚어진 대결과 갈등, 그의 학설의 특이성에 대한 다른 학자들의 비판과 그 근거를 살펴보는 데서 생긴 것이라고 말하고 있다.
　유형에 관한 저서에서 융은 개인과 세계와의 대결, 인간과 사물에 대한 관계를 다룬다. 그것은 의식의 여러 가지 측면, 개인의 세계에 대한 여러 가능성을 설명한다고 융은 말한다.
　인간 상호 간의 의사소통을 가로막는 오해, 논쟁, 편견의 근원을 살펴보면, 사람들이 사람이나 세상을 보는 관점이 서로 다르기 때문임을 알 수 있다고 하였다. 무엇을 더 중요하게 여기는가 하는 가치에 대한 전제가 달라, 결국 서로 의견이 빗나가고 격론이 벌어지고 심지어는 반목하여 피비린내 나는 권력 투쟁에까지 이르게 된다고 하였다.[1]

물론 융의 심리학적 유형론은 사람의 마음이 다르다는 점을 강조하기 위해 만든 학설은 아니다. 본 이론의 요점은 인간의 행동이 겉으로 보기에는 멋대로이고 예측하기 힘들 정도로 변화무쌍해 보이지만, 사실은 매우 질서정연하고 일관성이 있으며, 몇 가지 특징적인 경향으로 나누어져 있음을 강조한다(융, 1976).

이러한 특징적인 경향의 유형은 이미 고대로부터 동서양을 막론하고 사람들의 관심사가 되어 왔다. 고대 그리스 철학자 엠페도클레스는 불, 흙, 공기, 물 네 가지 원소가 사랑과 투쟁의 힘으로 결합, 분리되어 만물이 생멸한다고 하였고, 그리스의 의사 히포크라테스는 인간의 기질을 담즙질, 우울질, 다혈질, 점액질 네 가지로 구분하였다. 융은 네 가지 성질에 기반하여 뜨겁고, 차갑고, 건조하고, 습하다고 구분한 바가 있다. 또한 미국의 인디언 원주민은 동서남북 네 방위가 각각 특별한 행동 유형과 관계가 있다고 보았다. 이처럼 융은 네 가지 원소를 통해 심혼(心魂)의 특징을 묘사할 수 있음을 깨닫고 네 가지 구조, 즉 유형을 도입하였다.

특히 융은 무의식 안의 내용을 의식화하는 방법으로 주역을 주목했으며, 주역이 '무의식을 의식화하는 도구요, 수천 년 동안 사용된 유일무이한 지혜의 서(書)'라고 평가하였다. 또한 주역에 정통하게 된 융은 주역 이론이 자신의 심리학과 서로 통한다는 견해를 밝힌 바가 있다. 예컨대 태극이 양의(兩儀), 즉 음양(陰陽)을 낳고 양의가 태양(太陽), 소양(少陽), 태음(太陰) 및 소음(少陰)의 사상(四象)을 낳고 사상에서 팔괘(八卦)가 생기는 변환의 법칙이다. 즉 주역 이론의 음양은 융이 경험적으로 파악한 외향, 내향, 의식, 무의식의 대극(對極) 형성에, 사상은 네 가지 정신기능에, 나아가서 팔괘는 여덟 가지 성격유형에 어떤 식이든 영향을 미쳤을 것으로 능히 짐작할 수 있다.

이러한 주역 이론에 입각한 동양의학 이론 가운데 융의 심리학적 유형론과 견줄 만한 유형설은, 동무(東武) 이제마(李濟馬, 1837~1900)의 사상철학(四象哲學)이 있다. 사상철학은 천인성명(天人性命)의 사상(四象)을 통해 인간 마음의 근거인 천기(天機)와 인간 마음인 인사(人事), 그리고 몸으로 드러나는 성명(性命)을 밝힌 마음학이자 기(氣)철학이다. 그는 사람의 마음작용과 애노희락(哀怒喜樂)의 기(氣)를 근거로 태양인, 태음인, 소양인, 소음인의 사상인으로 나누고 이들의 건강한 삶을 살기 위해 어떠한 마음으로 살아야 하는지를 밝히고 있다. 사상철학과 융의 분석심리학은 '사상(四象)'과 '네 가지 유형론'으로써 인간의 마음작용에 대한 이해와 삶을 어떤 마음의 자세로 살아야 하는지를 공통적으로 논하는 부분이 있다.[2]

융은 대극 합일의 관점 혹은 **대극(對極)의 원리**(Gegensätzprinzip)에 입각하여 인간 정신을 체계적으로 연구하였다. 인간의 정신에는 내향성과 외향성의 대극, 비합리적 기능인 직관과 감각의 대극, 합리적 기능인 사고와 감정의 대극이 있고, 이들은 개념상으로는 분리해서 설명할 수는 있지만 실제로는 '하나'의 양면이라 하였다. **융의 위대한 관찰은 바로 정신 현상에서 대극의 원리를 발견한 것이다.** 정확히 말한다면 융은 고대 그리스의 철학자 헤라클레이토스의 에난티오드로미아(Enantiodromia)의 원리(대극의 反轉)를 재인식한 것이다. 융이 동양의 '음양설(陰陽說)'에 지대한 관심을 보인 것도 바로 자신의 대극 원리와 상응하는 원리를 보았기 때문이다.[3]

한편 공자는 주역의 계사전에서 일음일양지위도(一陰一陽之謂道)라 하였다. 즉 우주에서 삼라만상이 무궁한 변화를 일으키는 것은, 陰과 陽이라는 이질적인 두 기운이 지닌 바의 작용으로 인하여 **모순과 대립**이 나타남으로써 일어나는 현상으로 보았다. 우주를 한 번은 陰으로 나아가고 한 번은 陽으로 나아가게 하는 변화의 본체, 변화의 원동력을 道라고 하였다. 여기에서 陰과 陽의 대립이 융이 언급한 '대극'이고, 변화의 본체인 태극이 '대극의 합일'이 아닐까 한다.

결론적으로 융의 심리학적 유형론은 의식을 다루는 '의식 심리학'으로, 심리학적 유형론을 심층 심리학적으로 접근하여 의식의 태도와 기능을 통해 무의식의 태도를 확인하려 하였다.

한편 융의 심리학적 유형론의 특징은 19세기에서 20세기에 걸쳐 합리주의와 이성을 중요시하던 시대에 직관, 감각 등 비합리적 기능을 사고, 감정 등 합리적 기능과 똑같이 정신기능의 하나로 포함하였다는 것이며, 이 점은 융이 지녔던 인간에 대한 깊은 통찰력의 결과이다. 더 나아가 이것은 교육에 있어서 지적인 편중, 즉 합리적 사고기능에 대한 일방적인 평가가 여전히 우세한 현시대에, 그로 인한 정신기능의 불균형과 그에 따른 장애의 근거를 이해하고 치료하는 데 유익한 가설이 되고 있다고 할 것이다.[1)]

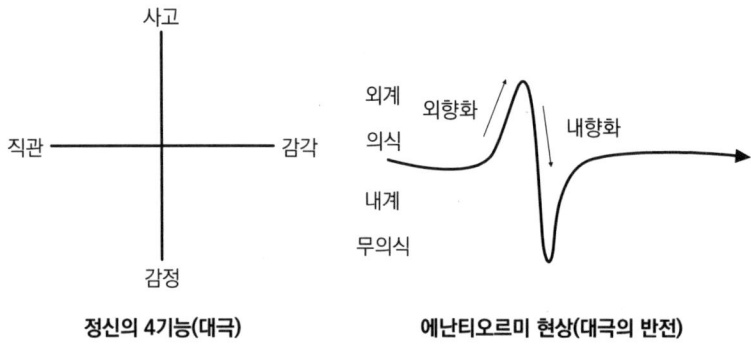

정신의 4기능(대극)   에난티오르미 현상(대극의 반전)

제2절 일반적 태도 유형과 특수기능 유형

1. 일반적 태도 유형(General Attitude)

융은 심리학적 유형을 일반적인 태도상에서 보는 내향적, 외향적 태도 유형과 정신의 기능을 중심으로 하는 감각과 직관, 사고와 감정 기능 등의 기능 유형으로 구분하였다. 여기서는 먼저 전자를 다루기로 한다.

내향적, 외향적 태도의 구별은 그 사람의 주체와 객체에 대한 태도에 근거하고 있다. 그 사람의 태도가 객체를 더 중시하면 외향적 태도를 보인다고 하고, 반대로 주체를 더 중시하면 내향적 태도를 보인다고 할 수 있다. 즉 어떤 사람의 행동과 판단을 결정할 때 객체보다 주체를 우위에 두면 그 사람의 태도는 내향적이라고 할 수 있다.

여기에서 객체는 개인을 둘러싼 외적인 세계, 즉 인간과 사물, 풍속과 관습, 각종 제도, 물리적 조건의 세계를 말하며, 환경, 주위 또는 외적 현실이라고 불린다. 반면에 주체는 정신의 내면세계를 말한다.

외향형과 내향형 두 가지 경향이 우리 안에 다 있지만, 외향형 또는 내향형은 외향적 또는 내향적 태도가 습관화(habituation)되었을 때를 두고 말한다. 여기서 내향형은 주체를 지키는 데 더 적극적이고 객체는 소홀히 하지만, 외향형은 객체를 중시하고 주체를 소홀히 하는 경향이 있다는 점이다. 이것을 융은 **관심 방향의 차이**로 설명한다. 외향형은 관심이 객관 세계로 향하고, 내향형은 객체가 주체를 위협한다고 생각하고 주체를 지키려고 한다.[1]

또한 외향형과 내향형은 모든 정신활동의 바탕이며 조절 수단인 리비도(Libido, 심리적 에너지)의 방향(관심, 활동, 행동의 중심)에 따라 분류된다. 외향형은 리비도가 바깥세상을 향하여 흐르지만, 내향형은 에너지를 안에 간직하려고 한다. 다시 말해서 내향형에서는 '리비도'가 안으로, 즉 주체를 향하여 흐른다.

그러나 외향적 태도 또는 내향적 태도가 우세하다고 하더라도, 그것은 정도의 문제이다. 개인은 일부 외향적 또는 내향적인 경우는 있으나, 전부 외향적이거나 내향적인 경우는 없다. 다만 외향적 태도가 우위에 있을 때 그 행동 형식을 외향적이라고 말한다.

정리하자면, 외향형은 객체의 의미를 더 높이 평가하고 객관적 기준과 가치를 우위에 둔다. 즉 객체가 주체보다 위에 있으며, 주체(주관적 견해)를 그대로 놓고 객관적으로 사물을 보려고 한다. 외향형의 사람은 사교적이며 최근의 지식 동향을 잘 전달하는 능력이 있다. 따라서 이 유형의 사람은 교수, 기업인, 상인 등의 직업에 어울리며 서양인을 대표하는 형이기도 하다. 그러나 극단적으로는 자기 자신을 아예 잃어버릴 수 있으며, 열등한 상태에 있는 무의식의 내향적 태도가 강한 자아 중심적 경향성으로 나타날 수 있다.

한편 내향형은 객체에 대해 추상적인 개념을 가지고 주관적 가치를 더 높이 평가한다. 즉 주체가 객체보다 위에 있으며, 객체의 에너지를 뺏어 주체 정립(주관적 견해 정립)에 이용한다. 내향형의 사람은 차고 냉정해 보인다. 따라서 이 유형의 사람은 학자형이며 동양인을 대표하는 유형이기도 하다. 그러나 극단적으로는 자기만의 세계에 빠져 살므로 정신병자로 취급될 수 있으며, 열등한 상태에 있는 무의식의 외향적 태도가 투사(投射)되면 외향성에 대한 혐오감이 형성되기도 한다.

2. 특수기능 유형(Specific Function Type)

여기에서 기능(機能)이란 유동적인 환경에서 같은 형태를 유지하며, 순간적인 내용에서 완전히 독립해 있는 일정한 형태의 심리적 활동을 말하며, 심리적 데이터를 이해하고 소화하는 양식에 따라 기능유형(類型)을 분류한다.

특수기능 유형에는 합리적 기능과 비합리적 기능으로 분류되는데, 합리적 기능은 평가하고 판단하는 기능으로 이치에 맞게 합리적으로 진행되며, 판단기능인 사고기능과 감정기능이 이 기능에 속한다. 한편 비합리적 기능은 이성(理性)을 방해하며 판단력을 가지고 움직이지 않고 단순한 지각 작용에 의해서만 움직이는 비합리적 기능으로, 인식기능인 감각기능과 직관기능이 이 기능에 속한다.

합리적 기능인 사고(思考, Thinking)기능은 주어진 관념 내용을 고

유의 법칙에 따라 서로 연관시키는 정신기능으로 판단 작용을 수반한다. 여러 관념을 연결하여 일반 관념 또는 문제해결에 도달하는 기능으로, 달리 말하면 사물을 이해하고자 하는 지적 능력이다. 사고의 원천이 주관적일 때는 내향적 사고형이 되고 객관적인 원천을 판단 근거로 사용할 때는 외향적 사고형이 된다. 한편 감정(感情, Feeling)기능은 전적으로 주관적인 과정으로 주관적인 가치가 판단의 근거가 된다. 따라서 주어진 관념 내용을 연관시킬 때 주로 주관적인 가치에 따라 연결한다. '쾌 또는 불쾌', '수용 또는 거부'의 기능에 기초를 둔 감성적(感性的) 평가를 통해서 세상을 이해하려는 기능이다.

비합리적 기능인 감각(感覺, Sensing)기능은 물리적 자극이 인식을 매개하는 심리기능으로, 감각은 사물을 있는 그대로 감지(感知)하는 현실적 기능이다. 이 기능은 지각(知覺, Perception)과 거의 같은 뜻으로 감각기능은 의식적 지각이며 직관기능은 거의 무의식적 지각 과정이다. 한편 직관(直觀, iNtuition)기능은 무의식으로 인식을 유도하는 심리기능으로 사건의 내면적 의미와 그것이 가지고 있는 언외(言外)의 의미와 효과를 식별하는 능력이다. 이는 흔히 말하는 육감(六感)으로 현상 이면(裏面)의 관계를 파악하는 기능이며 본능적 파악의 능력이다.

제3절 융의 여덟 가지 성격유형에 대한 이해[4]

    융의 유형 이론에 의하면 외향적 태도와 내향적 태도가 네 가지 정신기능과 합하여 모두 여덟 가지의 성격유형이 나타난다고 보았다. 융은 정신과 의사로서 인간의 성격유형을 자세히 관찰한 후, 특별히 겉으로 드러나는 성격 측면의 이면, 즉 무의식에 있는 열등한 성격 측면의 이해에 많은 관심을 기울였다. 즉 인간의 성격은 겉으로 드러나는 것보다 무의식적인 측면이 더 중요함을 강조한 것이다. 이는 "나의 생애는 무의식이 그 자신을 실현한 역사이다. 무의식에 있는 모든 것이 사건이 되고 밖의 현상으로 나타나며, 인격 또한 그 무의식적인 여러 조건에 근거하여 발전하며 스스로 전체로서 체험하게 된다"라고 한 융의 고백을 들어 보면, 무의식의 중요성과 그 깊이를 이해할 수 있다. 다음에 융이 이야기하는 여덟 가지 성격유형의 특징을 그 열등기능적 측면과 함께 소개하고자 한다.

1. 네 가지 합리적 유형

(1) 외향적 사고형(ESTJ, ENTJ) ⇔ 내향적 감정(열등기능)

외향적 사고형은 여러 가지 경험적 자료를 종합해서 합리적 또는 객관적으로 판단하는 특징이 있다. 이 유형의 사람들은 조직하는 능력이 있어 정부 기관이나 사업체, 법률 계통에 많으며 과학자 중에서도 높은 지위를 차지하는 경우가 많다. 이 유형은 외적 자료를 통합하고 종합해서 외부 사실을 명료화하고 순서를 정하며 적극적으로 뭔가를 만들어 간다. 그들의 강조점은 언제나 어떤 개념보다 외적인 객체에 둔다. 그러므로 이 유형의 사람들이 가장 일에 몰두하고 바쁘게 뛰어다니는 사람이다. 그러나 주관적인 태도나 의견은 별로 없다. 모든 것은 객관적이고 원리 원칙에 맞아야만 한다. 따라서 도덕적 선악의 판단, 좋고 나쁘고의 판단도 객관적 기준에 따라 내린다. 이런 면에서는 좋은 교사의 자질도 있으나 독창성이 부족하다. 이부영(1979)은 학자들 가운데서도 마르크스, 다윈, 헤겔 같은 학자는 외향적 특징을 가지고 있다고 보았다. 외향적 사고가 극단화될 때 무의식에서는 부정적 사고의 경향이 싹튼다. 그렇게 되면 '무엇에 지나지 않는다'라고 치부해 버리는 경향이나 남들을 이해할 수 없는 자신만의 사고에 사로잡히게 된다.

내적으로 억눌린 내향적 감정이 때로는 어떤 이상이나 대상에 사로잡힐 수 있지만, 그것이 겉으로 드러나지 않는 경향이 있다. 왜냐하면 끊임없이 외부 상황을 종합하고 질서를 세우는 일에 몰두해 있으므로 그럴 시간이 없다. 극단적인 예를 들면, 부인이 아파서 죽고 난 다음 장례식 때가 되어야 비로소 부인이 죽었다는 사실을 알게 될 정도이다. 다른 한편으로 무의식의 감정은 내향적이므로 좀처럼 개체 쪽을 향하지 않는다. 따라서 같이 사는 부인도 남편의 깊은 속에 묻혀 있는 감정을 모르고 살아간다. 내향적인 감정은 일반적으로 상당히 이해하기 어렵다. 폰 프란츠(1984)는 오스트리아의 시인 릴케의 예를 들어 이 유형의 열등기능인 내향적 감정의 독특한 경향성을 시 구절을 통해 잘 보여 주고 있다. 릴케의 표현대로, "나는 당신을 사랑합니다. 그러나 그것은 당신이 관여할 바가 아닙니다(I love you, but it's none of your business)"라는 구절이 바로 이 유형의 내향적 감정을 잘 나타내고 있다는 것이다. 사랑의 감정은 강렬하지만 그것이 객체 쪽으로 흐르지 않고 있는 상태를 릴케의 표현은 잘 보여 주고 있다. 그렇기에 이 유형의 사람들은 실제로는 따뜻한 감정을 지니고 있지만, 흔히 주위의 사람들로부터 아주 차고 냉정하다는 비판을 듣게 된다. 그러나 이 유형의 사람들은 남에게 잘 보이지 않는 충성심을 지니고 있다. 이러한 내향적 감정은 때로 원시적이고 어리며 미분화된 상태이므로 갑자기 폭발할 위험성 또한 매우 강하다. 게다가 어린애 같은 감정이 지나치게 감상적으로 드러나 죽은 후의 노트에 아주 유치한 시구가 발견되거나 한 번도 만난 일이 없는 미지의 여인에게 쓴 사랑의 고백 같은 것이 발견되기도 한다.

(2) 내향적 사고형(ISTP, INTP) ⇔ 외향적 감정(열등기능)

이 유형의 사고는 객관적 사실보다는 이념이나 관념에 영향을 받는다. 사실 그 자체보다 그 사실에 대한 나의 견해, 즉 주체의 생각이 이들에게는 더욱 중요하다. 따라서 이들은 철학이나 과학 분야에 흥미가 많다. 칸트는 전형적인 내향적 사고형이라 볼 수 있다. 우리에게 잘 알려진 과학자 중에서도 이 유형이 많다. 외향적 사고가 백과사전식으로 풍부한 사실의 축적에 관심이 있다면, 내향적 사고형은 하나하나의 관념에 대한 깊은 통찰을 통한 지식의 심화에 관심이 많다. 이들의 판단은 냉철하면서도 완고해서 쉽게 자신의 주장을 양보하지 않는다. 따라서 외향형으로부터 '이상론자' 또는 '위험한 사상의 소유자'로 불릴 수 있다. 겉으로 보기에는 무뚝뚝하고 거만하여 차가운 사람같이 보이지만 한발 다가서면 다정한 데가 있고 인정이 많다는 평을 듣는다. 내향적 사고가 너무 일방적으로 치우치면 경화되고 완고해져서 너무나 주관적으로 되며, 남의 말은 완전히 무시하고 자기주장만 내세우게 될 위험성이 있다. 그가 하는 말에 깊은 뜻이 있지만, 이것을 객관적으로 잘 설명하지 못하므로, 감정적으로 예민하게 되어 남의 비판을 쉽게 받아들이지 못한다. 이렇게 되면 그는 이해받지 못하는 고독한 철인(哲人)이나 과학자가 된다.

이 유형의 억눌린 열등기능은 외향적 감정이다. 이들이 감정은 바깥, 즉 객체 쪽으로 흐른다. 따라서 릴케식으로 표현한다면 "나는 너를 사랑한다. 따라서 당신도 나를 사랑해야만 한다(I love you, and it will be your business)"라고 표현될 것이다. 열등기능으로서의 억눌린 감정은 지나친 흑백판단으로 종종 나타난다. 따라서 좋은 사람은 덮어놓고 무조건 좋고, 싫은 사람은 아무런 이유 없이 무조건 싫은 맹목적 경향이 생기기 쉽다. 내향적 사고형의 열등기능인 외향적 감정은 '절뚝거리는 다리'와 같아서 그 속도가 느리다. 폰 프란츠(1971)는 "내향적 사고형의 열등 감정은 화산에서 흘러나오는 뜨거운 용암과 비교될 수 있다. 그것은 마치 한 시간에 겨우 5미터씩 움직이는 용암과 같다. 그러나 그것은 모든 것을 태워 버린다"라고 말했다. 이들의 감정기능은 대체로 맹목적이고 비논리적이며 전혀 계산이 없지만 한번 사랑에 빠지면 끈적끈적하게 달라붙고 때로는 비굴할 정도로 헌신적으로 되기도 한다.

(3) 외향적 감정형(ESFJ, ENFJ) ⇔ 내향적 사고(열등기능)

이들에게는 감정기능이 생활의 주요한 근원이 된다. 특히 외향적 감정은 객체에 기준을 두고 외부 상황을 적절히 평가하여 이와 관계를 맺는 데 능통하다. 융(1971)은 여성에게 외향적 감정형이 더 많다고 보았다. 이들의 감정은 객관적 상황이나 보편적인 가치에 순응한다. 따라서 여성의 배우자 선택에서 외향적 감정형의 특징이 가장 두드러지게 나타난다. 이 유형의 여성들은 언제나 남자의 나이, 사회적 지위, 재력, 외모, 체격, 가족의 권위 등 여러 가지 객관적 기준에 맞추어 '적당한' 남자를 사랑하며, 자신의 주관적인 감정은 깡그리 무시한다. 이들은 적당히 만족하고, 쉽게 친구를 사귀며, 파티의 여주인공 역할을 행복하게 수행한다. 이들은 자신의 외향적 감정으로 상대방의 감정에 맞추어 나갈 수 있으므로 인간관계를 부드럽게 맺으며 쉽게 인생길을 헤쳐 나간다. 이들이 가장 싫어하는 것은 '생각하는 것'이나 심각한 '철학적 사고'이다. 왜냐하면 이 부분이 바로 그들의 열등기능이기 때문이다. 물론 이들도 생각은 하지만 그들의 생각은 언제나 감정에 종속되어 있다.

이들의 열등기능인 내향적 사고는 때로 한적한 시간에 갑자기 찾아온다. 그래서 '인생의 의미는 무엇인가?', '나는 왜 살고 있는가?'와 같은 질문에 사로잡히면 당황하게 되고, 이러한 상태에서 빠져나오기 위해 밖으로 뛰쳐나가 친구들을 만난다. 때때로 내향적 사고는 자신에게도 화살을 돌려 자신에 대한 부정적인 접근으로 이어지기도 한다. 그렇게 되면 "나는 아무것도 아닌 인간이다" 또는 "내 인생은 아무런 의미도 없다" 하는 식으로 극단적으로 나가게 된다. 일단 무의식의 열등기능이 의식을 침식하면 모든 것을 잊고 도서관에 박혀 책 읽기에 몰두할 수도 있다. 그러나 이들의 사고는 아직 미숙하고 형식적이라 이미 형성된 사고 체계에 그대로 맞추는 작업에 그치고 만다. 때로 이들은 이 세상에서 가장 차가운 사람이 되기도 한다.

(4) 내향적 감정형(ISFP, INFP) ⇔ 외향적 사고(열등기능)

이들은 대개 조용하고 사귀기가 힘들고 이해하기 또한 쉽지 않다.

내향적 감정형들은 아주 분화된 감정이 있으나, 이 감정은 내적인 기준에 의해서 움직이므로 밖으로 쉽게 표현되지 않으며 객체에 작용하지도 않는다. 이들은 결코 설교하거나 자기주장을 하지 않지만, 내적으로 확고한 기준에 의해 생활하기 때문에 이를 통해서 남에게 영향을 주게 된다. 이들은 대개 안정감이 있으며 억지로 남에게 영향을 끼치려 하지 않는다. 만약 밖에서 오는 영향이 그의 주체를 간섭하기 시작하면 이들은 경화되므로, 객관 세계에 대해 무관심한 인상을 주어 감정을 자기 안으로 숨겨 버린다. 따라서 객체에 적합한 감정은 억제되고 객체에 대해 부정적인 감정 판단을 하기가 쉽게 된다. 이들은 밖으로는 냉담하게 보일 수 있지만, 안에는 깊은 공감 능력을 지니고 있다. 융(1936)은 내향적 감정형의 감정의 대상은 객체가 아니고 마음속에 숨어 있는 깊은 종교적 심성이라 보았다.

폰 프란츠(1984)는 이들의 열등기능인 외향적 사고가 흔히 단일광(單一狂, monomania)으로 표현될 수 있다고 보고 있다. 즉, 내향적 감정형은 소수의 개념을 통해서 수없이 많은 자료를 끌어낸다는 것이다. 융(1971)은 프로이트의 체계가 바로 내향적 감정형의 열등기능인 외향적 사고기능을 잘 나타내고 있다고 보았다. 융은 프로이트의 심리유형에 관해서는 직접 언급하고 있지 않지만, 그의 이론 체계는 바로 외향적 사고기능의 전형적인 표본이라 보았다. 폰 프란츠(1971)는 프로이트의 심리유형이 바로 내향적 감정형이라 보았다. 그 예로 그의 저서에는 자신의 열등기능인 외향적 사고의 잔재가 많이 보인다. 프로이트의 전 이론에서 중요한 개념은 사실 몇 개밖에 없다. 이를 통해서 프로이트는 참으로 많은 양의 자료를 도입하고 있으며 그의 모든 이론 체계는 언제나 바깥으로 향하고 있다. 그리고 내향적 감정형의 열등기능인 외향적 사고를 명확히 하고 분화시키는 데는 아주 많은 훈련이 필요하다. 그렇지 않을 경우, 쉽게 '지적 단일광(intellectual monomania)'이 되어 버릴 수 있다. 또한 열등기능인 외향적 사고가 지나치면 전제적이고 완고하며 절대로 굽히지 않는 부정적이면서 극단적인 경향을 보인다. 더불어 외적, 객관적 현실에 대한 적용이 어렵게 되기도 한다.

2. 네 가지 비합리적 유형

(1) 외향적 감각형(ESTP, ESFP) ⇔ 내향적 직관(열등기능)

외향적 감각형은 구체적인 사실을 파악하고 감지(感知)하는 데 아주 능란하다. 이들에게는 객관적 사실 자체가 중요성을 띤다. 예를 들어 파티에 참석할 경우, 누가 무슨 옷을 입었고 누가 빠졌는지를 즉시 알아낸다. 이들은 구체적인 사실을 파악하여 현실적으로 일을 추진해 나가는 특별한 능력이 있다. 이들은 모든 것을 관찰하고, 냄새 맡고, 구체적인 사실을 기억한다. 이들은 어느 유형과도 비길 수 없는 현실주의자들이다. 따라서 실무에 밝은 행정가, 사업가, 기술자에 이런 유형이 많다. 이들은 외부적 사실을 재빠르게 객관적으로 파악하고 이와 관계를 맺어 나가는 데 비상한 능력을 나타낸다.

이 유형의 열등기능은 내향적 직관이므로, 때로는 올바른 직관을 사용할 때도 있으나 대부분 직관이 의심의 형태로 나타나거나 아예 직관 같은 것을 깡그리 무시해 버린다. 이들은 현실적인 바탕이 없는 직관을 아예 무시하는 경우와 마찬가지로, 외부적이고 객관적인 근거 없이 많은 것을 의심하고, 두려워하는 경향을 보인다. 이 유형이 나타내는 직관은 대부분 별로 편안하지 않으며 자기중심적일 뿐만 아니라 부정적이고 자기 파괴적이다. 다른 한편으로는 이들은 의식적으로 직관을 우습게 여기지만, 무의식에서는 은연중에 마술적이고 미신적인 것, 또는 심령 과학이나 유령 이야기 같은 것에 비상한 관심을 나타내기도 한다. 이들은 때로 머리맡에 심령 과학 서적을 갖다 놓고 누가 물으면 잠을 자기 위해서라고 변명한다. 이런 변명이 나오는 이유는 그들의 주기능이 아직도 열등기능을 의식적으로 부정하고 있기 때문이다.

(2) 내향적 감각형(ISTJ, ISFJ) ⇔ 외향적 직관(열등기능)

외향적 감각형은 객체의 작용 그 자체가 중요하나, 내향적 감각형은 객관적 자극으로 생긴 주관적 감각이 중요하다. 이들의 지각은 그들의 주체로 흡수한다. 즉 객관적인 자극을 있는 그대로 받아들이는 것이 아니라, 자기 나름대로 흡수하여 감상하는 것이다. 그러므로 이들을 폰 프란츠는 예민한 사진건판에 비유하고 있다. 왜냐하면 사진건판의 감광도에 따라 사진의 질이 달라질 수 있기 때문이다. 이들에게 미래는 별 의미가 없으며 오직 지금, 현재의 사실들이 중요성을 띤다. 보통 얼굴에는 별 표정이 없지만, 안으로는 미세한 스펙트럼같이 감각을 흡수해 들이는 작업을 계속하고 있다. 사고나 감정이 부차 과정이므로, 자신의 내적 지각을 잘 표현하지 않는 경향이 있어 더욱 알기 어려운 사람으로 비칠 수도 있다.

이들의 무의식에 억눌린 외향적 직관기능은 고태(古態)이며 부정적인 성격을 띠고 있다. 이들의 직관력은 외향성을 띠고 있으므로 대개 바깥의 사실이나 사건이 직관기능을 자극하게 된다. 예를 들면 길거리를 걸어가다가 진열장에 걸려 있는 멋진 그림을 보게 되면 그의 직관기능이 그림의 상징적 의미를 포착하게 된다. 외향적 직관기능이 제대로 발휘되면 바깥 현실에서 일어나는 일에 대한 가능성을 즉시 파악하는 능력이 드러나지만, 열등기능으로서의 외향적 직관은 현실의 어둡고 음산하고 부정적인 배경을 예측하려 한다. 따라서 이러한 직관력은 별로 현실에 맞지 않는 경우가 많다. 만일 이러한 열등기능이 주 기능을 침식하게 될 경우, 직관기능은 객체에 대한 강박관념으로서 의식 표면에 나타나게 된다. 그렇게 되면 강박신경증에 걸리는 수도 있다. 이러한 경우에도 자신의 열등기능에 대한 배려가 없게 되면 그가 지닌 직관의 예언적 기능은 상실되고, 반대로 염세적이고 부정적으로 발휘되어 부적응에 휩싸이게 된다.

(3) 외향적 직관형(ENFP, ENTP) ⇔ 내향적 감각(열등기능)

직관은 여러 가지 가능성을 알아내는 기능이다. 따라서 외향적 직관형은 객체가 지닌 가능성을 파악하고, 그것이 바깥 세계에서 실현될 수 있는 계기를 만들어 주는 데 비상한 능력을 발휘한다. 이러한 사람들은 언제나 새로운 가능성이 있는 곳을 찾아 나서기 때문에, 한 곳에 머물러 그 가능성을 차분히 키워 나가지는 못한다. 이들은 마치 씨를 뿌리고 다른 밭으로 가 버리는 농부와 같다. 이들 중에는 성공한 사업가, 부동산 투기업자, 특종을 잘 날리는 신문기자, 예리한 정치가가 많다. 이들은 항상 무슨 상품이 잘 팔리고, 21세기에는 장차 어떤 일이 일어나며, 독자가 무슨 기사를 흥미 있게 읽을 것인지를 가장 잘 파악한다. 융(1971)은 남자보다 여자에게 이 유형이 더 많다고 보았다. 이들은 특히 인간 안에 내재한 가능성을 키워 내는 데 비상한 능력을 발휘한다. 따라서 이들은 문화 발굴에 큰 공헌을 하게 되며 '미래를 창조하는 사람들'을 찾아내고 그들의 용기를 북돋아 창조성을 발휘하도록 도와주는 데도 한몫을 담당한다.

이들은 대개 피곤한 줄을 모르고 가능성을 쫓아다니며 심지어는 밥 먹는 것도 잊어버린다. 그러다가 자리에 눕게 되면 비로소 자신의 신체에 관심을 가지게 된다. 이때 열등기능인 내향적 감각기능이 작용하게 되면 지나치게 신체 감각에 매달리게 되며, 이것이 심해지면 강박 증상이나 건강염려증으로 발전하게 된다. 이들의 열등기능은 느리고 무거우며, 정서들로 둘러싸여 있고 내향성이므로 실제의 사건이나 사물에서 떠나 있어 신비스러운 면이 있다. 이들에게 있어서 사고나 감정도 비교적 열등한 상태에 있으므로 유아적이고 고태로 나타난다. 내향적 감각이 고태로 투사되면 때로 전혀 엉뚱한 남자 또는 여자에 반하게 되어 주위에서는 도저히 이해할 수 없는 이성 관계에 빠지기도 한다.

(4) 내향적 직관형(INFJ, INTJ) ⇔ 외향적 감각(열등기능)

내향적 직관형의 직관기능은 객체에서 내적인 주관 세계로 향하게 된다. 이들은 구체적인 현실의 가능성보다는 정신세계에서의 가능성을 파악하는 일이 더 중요하며 이에 대한 인식을 바탕으로 살아간다. 그러므로 종교 지도자, 예술가, 시인 가운데 이 유형이 많으며, 정신치료가, 정신과 의사, 심리학자 가운데서도 많이 발견된다. 이들은 주로 정신세계의 추구에 특히 많은 관심을 기울이고, 그들의 말에 합리성이나 논리성이 없어 합리적인 사람의 눈에는 몽환가나 신비주의자로 비치기 쉽다. 이들은 시대를 앞서가는 사람들이다.

외향적 감각이 이 유형의 열등기능이므로 이들 중에는 지독히 현실감각이 부족한 사람들이 많다. 이들은 흔히 외부 사항에 주의를 기울이지 않을 뿐만 아니라 객관적 사실을 아예 깡그리 무시해 버리기도 한다. 이들은 심령 과학이나 귀신 이야기 같은 것에 관심이 많고 그런 체험도 가끔 하지만 자신의 체험을 정확하게 구체적인 예를 들어 설명하지 못한다. 내향적 직관에 지나치게 의존해서 무의식적 열등기능을 소홀히 할 때, 열등기능이 강박적으로 의식을 자극하여 여러 가지 증상이 형성된다. 그렇게 되면 쉽게 충동에 사로잡히며 강박적으로 객체적 감각에 구속된다. 이 유형에서 흔히 보게 되는 증상은 강박신경증이며, 건강염려증, 감각기관의 과민 상태 또는 어떤 사물이나 사람에 대한 강박적인 속박 등의 증상을 형성하게 된다.

이상에서 융의 분석심리학 중 사주 심리학과 직접 연관성이 있는 심리학적 유형론을 간략히 소개하였다. 융의 심리학적 유형론이나 더 나아가서, 융의 분석심리학 전반에 대해 더 깊이 있는 이해를 원하는 독자분들에게는 이부영 교수님의 저서인 『(제3판) 분석심리학(C. G. 융의 인간 심성론)』의 일독을 강력히 추천한다.[1]

제2장

MBTI 둘러보기

제1절 들어가기

　최근에 TV에서 우연히 "MBTI는 과학이다"라는 광고용 카피를 보았다. 본 저자도 자연스럽게 고개를 끄덕였다. 당시 정립된 융의 심리학적 유형론을 바탕으로 두 모녀가 오랜 실험적 연구를 통해 이론의 타당성을 검증하고, 나아가 이론을 더욱 폭넓게 발전시켰다는 점에서 일반적인 과학의 정의에도 부합한다.

　MBTI(Myers-Briggs Type Indicator : 심리유형 검사)는 미국의 모녀인 Katharine Cook Briggs와 Isabel Briggs Myers가 융의 심리학적 유형론에서 말하는 두 가지의 태도와 네 가지의 정신기능 유형을 바탕으로 제작하였다. MBTI는 개인이 쉽게 응답할 수 있는 자기보고를 통해 인식하고 판단할 때의 각자 선호하는 경향을 찾고, 이러한 선호경향들이 하나 또는 여러 개가 합쳐져서 인간의 행동에 어떠한 영향을 미치는가를 파악함으로써 일상생활에 유용하게 활용할 수 있도록 제작된 것이다.

　1921년에 발표된 융의 심리학적 유형론은 그의 학설 가운데서 비교적 초기의 것으로 볼 수 있다. 이 이론은 융의 20년에 걸친 연구 성과로, 자신이 정신과 의사로서 임상에서 경험하고 관찰해 왔던 것에 더하여, 프로이트를 비롯한 반대론자들과의 갈등, 그들이 자신의 학설을 비판하는 근거 등을 추적한 결과로 이루어진 부산물이었다(융, 1960). 특히 융의 경우, 사람들 간의 차이점에 대한 흥미는 프로이트와의 개인적이고 직업적인 관계가 무너졌을 때 그것을 이해하려고 노력하면서 생기게 되었다.

  Katharine Briggs가 처음 연구를 시작하게 된 것은, 1917년에 딸인 Isabel Briggs가 자신의 젊은 구혼자인 Clarence Myers를 부모에게 소개한 것이 계기가 되었다고 알려져 있다. Clarence Myers는 Briggs 집안사람들에게 아주 매력적인 젊은이로 보였는데, 그것은 그의 행동이 부모를 비롯한 집안사람들과 너무나 다르게 느껴졌기 때문이다. 또한 Katharine Briggs는 자서전 연구를 통해 인간의 개인차를 연구하던 중, 융이 1921년에 발표한 심리학적 유형론을 접하게 되었다. 그녀는 융의 이론에 매료되었고 이 이론이 실제 세계에 적용될 수 있음을 인식하였다. 그 후 융의 이론을 바탕으로 개인의 차이를 유추해 낼 수 있는 심리적 도구를 만들기 위해 각 개인의 특성을 20여 년간 관찰하였다. 그 20여 년의 '인간 관찰(people watching)'을 통해 융의 심리학적 유형론의 타당성에 대해 확실한 믿음을 가지게 되었다. 또한 MBTI를 개발하기 전에 두 모녀는 유형 선호도와 선호도 간의 상호작용에 관한 기술과 사소한 단서를 찾으려고 융의 심리유형을 철저하게 연구하였다. 그들은 마찬가지로 20년 넘게 '유형 관찰자(type watchers)'였으며, 융의 이론과 자신들의 관찰에 근거하여 평가 가능한 질문들을 만들었다.

  Isabel Myers는 1940년대에 최초의 펜과 연필 버전의 목록을 만들었고, 맨 처음에는 가까운 친구와 가족들의 MBTI를 테스트하기 시작하였다. 또한 MBTI는 제2차 세계 대전 당시, 부족해진 노동시장에 진출한 여성들의 성격을 확인하여 적합한 직종에 배정하기 위해 활용되기도 하였다. 이후에도 Isabel Myers의 장기간에 걸친 개발과 수정을 거쳐 MBTI Form A부터 Form G까지 만들어지게 되었다. 현재 한국에는 Form M(G)와 Form Q(K)가 개발, 보급되고 있다.

한편 융은 심리학적 유형론에서 외향성과 내향성(EI), 감각과 직관(SN), 사고와 감정(TF) 등에 대해서는 설명하였으나, 판단(J)과 인식(P)의 중요성에 대해서는 암시만 했을 뿐 분명하게 제시하지는 않았다. 따라서 판단과 인식은 Myers와 Briggs가 MBTI를 개발하면서 분명하게 정의되었다. JP는 두 가지로 활용되는데, 하나는 외부 세계에 대한 태도와 행동을 나타내며, 다른 하나는 EI와 함께 두 개의 선호 기능 중 어느 것이 주기능이고 어느 것이 부기능인가를 찾을 때 활용된다. 따라서 Myers와 Briggs는 MBTI에서 JP 지표의 기능을 더욱 확장하여 네 가지 선호지표 중 하나의 지표로 역할을 담당하게 함으로써 융의 이론이 많은 사람에게 실제적인 도움을 줄 수 있도록 하였다.

결론은 MBTI는 융의 심리학적 유형론을 경험적으로 검증하여 일상생활에 유용하게 활용할 수 있도록 제작되었고, **MBTI는 철저하게 융의 이론을 바탕으로 하여 개발되었다는 것이다.**

제2절 MBTI의 네 가지 선호경향(지표)[5]

선호경향이란, 융의 심리학적 유형론에 따르면, 교육이나 환경의 영향을 받기 이전에 이미 인간에게 잠재되어 있는 선천적 심리 경향을 말한다. 사람은 오른손과 왼손 양쪽을 다 쓸 수 있다. 그러나 오른손잡이는 오른손이 먼저 나가고 왼손잡이는 왼손이 먼저 나간다. 사람들은 자기가 편한 쪽을 먼저 사용하려는 경향이 있고, 그럴 때는 어떤 일을 하든 능률이 오르기 때문이다. 이처럼 사람들은 자기가 좋아하는 기능이나 태도를 먼저 그리고 자주 사용하게 되는데, MBTI 검사는 두 가지 반대되는 경향 중에 어떤 것을 주로 사용하는가를 알아보는 것이다.

또한 융의 이론에 따르면 선호경향이 인식과 판단의 사용 경향을 결정짓는데, 즉 사람들의 특정 상황에서 '무엇'에 주의를 하느냐 뿐 아니라, 내용에 대해 '어떻게' 결론을 내리는가에 영향을 미친다는 것이다.

MBTI는 네 가지의 분리된 선호경향으로 구성되어 있다. 각 개인은 자신의 기질과 성향에 따라 아래의 네 가지 이분 척도에 따라 둘 중 하나의 범주에 속하게 된다.

외향(E) Extraversion	에너지 방향, 주의 초점	내향(I) Introversion
	에너지의 방향은 어느 쪽인가?	
감각(S) Sensing	인식기능(정보 수집)	직관(N) iNtuition
	무엇을 인식하는가?	
사고(T) Thinking	판단기능(판단, 결정, 선택)	감정(F) Feeling
	어떻게 결정하는가?	
판단(J) Judging	이행 양식/생활 양식	인식(P) Perceiving
	채택하는 생활 양식은 무엇인가?	

1. 태도 : 외향성(E)과 내향성(I)

융의 저서인 『심리유형』은 대부분이 외향성과 내향성의 역사와 설명으로 채워져 있다고 해도 과언이 아니다. 융은 인간, 사물, 관습, 제도 등의 외적 세계를 객체라 하고, 개인의 정신 내면세계를 주체라고 하여 객체와 주체 중 어느 것을 중시하고 어느 것을 소홀히 하느냐로 외향성과 내향성을 구별하였다. 또한 심리적 에너지(Libido)의 방향이 어디로 향하느냐로 이들을 구별하기도 했다.

(1) 외향적 태도(E)

융은 외향성과 내향성을 보완적 태도 또는 생활의 방향, 즉 관심의 방향으로 간주한다. 외향적 태도를 가진 사람은 관심이 외부 세계, 즉 융이 말하는 객체로 향하고 있어, 마주하는 사람이나 사물에 관심을 쏟는다. 이러한 사람은 자신을 둘러싼 외부 환경에 주도적인 영향력을 행사하고자 하며, 외부 세계의 중요성을 스스로 확인하고 그에 대해 자신의 영향력을 행사하고자 한다. 습관적으로 외향적 태도를 보이는 사람들은 당연히 외향성과 관련된 특징들을 발전시킨다. 즉 그들은 끊임없이 외부 환경으로부터 활력과 에너지를 얻기 위해 적극적으로 활동한다. 또한 폭넓은 대인관계를 유지하고 말로 표현하기를 즐기며 열정적이고 사교적인 사람들이다.

(2) 내향적 태도(I)

내향적 태도를 가진 사람은 가능한 한 외부 세계를 벗어나 자기 자신의 내적 세계에 몰입한다. 내향성의 사람은 관심을 주로 자기의 마음속에 있는 개념(concept)이나 생각 또는 이념(idea)에 쏟는다. 습관적으로 내향적 태도를 보이는 사람들은 내향성과 관련된 특징들을 발전시킨다. 즉 마음속의 개념과 생각을 더욱 명확히 하는 데 관심을 기울이며 내면의 자원과 내적 경험을 통해 활력과 에너지를 얻고자 한다. 또한 그들은 사려 깊고 신중하며 조용하게 명상을 즐긴다. 그들은 몇몇 주위의 사람들과 깊이 있는 인간관계를 유지하며 글로 자신을 표현하기를 즐기는 사람들이다.

2. 네 가지 기능(S, N, T, F)

융은 모든 인식 활동을 감각과 직관으로 구분하였다. 또한 융은 감각과 직관을 비합리적 기능이라 불렀는데 이 두 기능은 어떤 합리적인 방향에 얽매이지 않고 자유로이 작용하기 때문이라 하였다.

(1) 두 가지 종류의 인식 : 감각(S)과 직관(N)

1) 감각적 인식(S)

감각이란 사람의 다섯 가지 감각기관을 통해 관찰하는 인식을 말한다. 감각은 현재 일어나고 있는 구체적이 사실이나 사건 등, 실제로 존재하는 대상을 통해 이루어진다. 따라서 감각적 인식을 선호하는 사람들은 현재 일어나고 있는 사실, 사건만을 의식하는 것이므로, 직접적인 경험에 초점을 맞춘다. 이러한 감각적 인식을 선호하는 사람들은 현실을 수용하고 즐길 줄 알며, 일을 처리할 때 정확하고 철저하며, 사실적이고 구체적이며, 관찰력이 뛰어나며, 상세한 것도 기억을 잘해 사실적 사건 묘사가 가능하며, 숲보다는 나무를 보려는 사람들이다.

2) 직관적 인식(N)

직관이란 육감, 즉 영감이나 통찰력을 통해 가능성, 의미, 관계, 비전 등을 인식하는 것이다. 융은 직관을 무의식적으로 나타나는 인식이라고 특정하였다. 직관은 서로 관련성이 없어 보이는 일들의 패턴이나 전체적인 관련성을 갑자기 떠오르게 한다. 예를 들면 사과를 인식할 때 감각적 인식을 사용하는 사람들은 붉은 사과를 보고 달겠다거나 푸른 사과를 보고 실 것 같다고 기술하지만, 직관적 인식을 사용하는 사람들은 같은 사과를 보고도 뉴턴의 떨어지는 사과나 윌리엄 텔의 머리 위 사과, 스피노자의 사과나무 등을 생각한다. 직관은 미래에 일어날 수 있는 사건을 포함하여 감각으로는 인식할 수 없는 것을 인식하게 한다. 이러한 직관적인 인식을 선호하는 사람들은, 구체적인 현실을 보기보다 미래의 가능성과 의미를 추구하며 상상적, 이론적, 추상적, 영감적, 미래 지향적, 비유적, 암시적, 창조적, 변화와 다양성, 나무보다 숲을 보려는 경향 등의 특징을 발전시킨다.

(2) 두 가지 종류의 판단 : 사고(T)와 감정(F)

융은 사고와 감정을 합리적 기능이라고 하였는데 그 이유는 이 두 가지의 판단 방법이 일상에서 일어나는 사건들을 이성의 법칙에 따라 조화시키려고 하기 때문이라 하였다.

1) 사고적 판단(T)

사고는 아이디어를 논리적으로 연관시키는 기능이다. 사고는 인정에 얽매이기보다 객관적인 원칙이나 논리에 근거하여 합리적 질서와 계획을 추구한다. 사고기능을 선호하는 사람들은 사고와 관련된 특징들을 발전시킨다. 예를 들면 객관적 진실 중시, 원리 원칙 중시, 규범과 기준을 중시, 정의와 공정성 중시, 논리적, 분석적, 객관적 판단 등의 특징들이 있다.

2) 감정적 판단(F)

감정은 상대적인 가치들을 조화해 나가면서 합리적 질서를 추구한다. 감정은 개인적인 또는 사회적인 가치를 중시하므로 사고보다 주관적이다. 따라서 가치는 주관적이요, 개인적이기 때문에 감정기능으로 판단하기를 선호하는 사람들은, 논리나 분석보다는 자기 자신이나 타인의 가치를 더 중요시하며 타인에게 어떤 영향을 줄 것인가를 더 중하게 여긴다. 감정기능을 선호하는 사람은 의사 결정을 할 때도 상대방의 입장을 고려하기 때문에 타인을 이해하려고 하고, 매사에 기술적 측면보다는 인간적 측면을 중시하여 친화와 온정과 조화를 추구한다. 그들은 감정과 관련된 특징들을 발전시켜 나가는데, 예를 들면 보편적 선의 추구, 상황적, 포괄적, 우호적 협조, 타인과의 관계, 연결, 조화 중시 등이다.

예를 들면 지난번 젊은 배달원이 늦은 밤 음주운전 뺑소니 사고로 사망한 뉴스를 접하고, 사고기능과 감정기능에 따라 사람들은 서로 다른 생각을 한다. 사고기능으로 판단하기를 선호하는 사람들은, 음주 뺑소니범에 대한 가장 긴 형량이 현행 몇 년이며 몇 년으로 대폭

상향되어야 이러한 사고를 근절할 수 있다고 주장한다(ST). 또한 이러한 사고를 예방하는 방법으로, AI를 활용하여 음주한 운전자의 이상 동작이나 냄새를 감지하게 되면, 시동이 저절로 꺼지도록 하는 아이디어를 제시한다(NT). 반면에 감정기능으로 판단하기를 선호하는 사람들은 같은 사고를 접하고도 "너무 슬프고 가엽고 안타깝다", "아내와 어린애들은 앞으로 어떻게 살아가지?", "조금이라도 그들에게 도움이 될 만한 일이 없을까?" 등을 생각한다.

3. 판단(J)과 인식(P) : 외부 세계로의 지향

융은 외향성과 내향성 그리고 네 가지 정신기능에 대해서는 설명하였지만 판단과 인식의 중요성에 대해서는 암시만 했을 뿐 분명하게 제시하지는 않았다. 따라서 판단과 인식은 결국 Isabel Myers와 Katharine Briggs가 MBTI를 개발하면서 분명하게 정의되었다. **JP 태도는 MBTI가 개발되기 전 수십 년 동안 행동을 관찰하여 발견한 것이다.** JP 태도에서 가장 중요한 점은 JP는 어떤 성격유형을 가진 사람이든 그 사람이 외부 세계에 대해 대처해 나가는 방식을 기술한다는 것이다. 다시 말해 판단형은 외부 세계에 대처할 때 사고 또는 감정의 판단기능을 선호하고, 인식형은 감각 또는 직관의 인식기능을 선호한다는 것이다. 또한 **외향적 활동은 내향적 활동보다 눈에 잘 띄므로 JP 태도는 가장 먼저 발견되는 것 중의 하나이다.**

(1) 판단적 태도(J)

판단적 태도를 선호하는 사람들은 빨리 결정을 짓고자 하므로 결정에 필요한 정보만 획득되면 바로 결론을 내리려 하며, 계획을 세우는 데 능하고 체계적으로 활동한다. 사고적 판단형(TJ)은 논리적 분석을 바탕으로 결정하고 계획을 세우며, 반면에 감정적 판단형은 결정을 내리거나 계획을 세울 때 인간적인 요인을 많이 고려한다. 그러나 둘 중 어떠한 유형이든 결정을 내릴 만큼만 정보가 확보되면 바로 인식을 닫아 버린다.

한편 판단적 태도를 선호하는 사람들이 외부로 드러내는 행동을 보면 행동들이 조직화되고 목표가 뚜렷하며 확고해 보인다. 또한 체계적이고 신속한 결론을 내리며 통제와 조정에 능할 뿐 아니라 분명한 방향감각과 목적의식을 갖고 있으며 정리, 정돈과 계획성이 뛰어나다.

(2) 인식적 태도(P)

인식적 태도를 선호하는 사람들은 그들이 획득하는 정보 자체를 즐긴다. 감각적 인식형(SP)은 직접적이고 구체적인 사실에 입각한 정보를 잘 받아들이고, 직관적 인식형(NP)은 새로운 가능성을 내다보려 한다. 그러나 둘 중 어떤 유형이든 그들이 지각하는 태도는 개방적이고 호기심과 관심이 많다. 이러한 인식적 태도를 선호하는 사람들이 외부로 나타내는 행동을 보면, 상황에 맞추는 개방성을 중시하고 유유자적하며 융통성과 적응력이 뛰어나다. 또한 이들은 자율적이고 목적과 방향의 변화를 수용하며 결론보다 과정을 즐긴다.

제3절 MBTI의 네 가지 선호경향(지표)의 특징

다음에 각 개인의 독특함에 대해 깊은 통찰을 제공한다고 알려진 Form Q의 다면 척도별 특징을, 각 대극 선호지표별(E/I, S/N, T/F, J/P)로 하나의 표에 정리하여 직접 비교하기 쉽도록 구성하였다.[6]

에너지 방향(E/I)

외 향(E)	내 향(I)
능동성	**수동성**
• 스스로 자기를 소개함 • 사교적인 촉진자(사람들을 불러 모음) • 인맥 형성 • 다방면에 정보가 많음	• 다른 사람에 의해 소개를 당함 • 이야기를 주도하기보다는 기다림 • 상대방이 말을 걸어올 때 더 편하게 느낌 • 모르는 사람과 대화는 불편
표현적	**보유적**
• 자신의 상태를 쉽게 드러내고 자유롭게 표현 • 명랑하고 따뜻하며 유머가 있음 • 긍정적으로 감정을 표현 • 타인을 쉽게 신뢰하고 자신을 개방 • 일반적으로 알기가 쉬운 사람들	• 내면의 정서가 정리되어야 드러내므로 표현이 적음 • 정서를 내면에 간직함 • 정말 신뢰하는 사람하고만 정서를 공유함 • 자신이 매우 알기 어려운 사람이라 생각
다양한 관계	**밀접한 관계**
• 개방적이고 사람들과 쉽게 어울림 • 활동적이며 인기와 인맥을 중시 • 친구나 아는 사람들의 폭이 넓고 다양함 • 새로운 사람을 만나는 것을 즐김 • 사회적 네트워크를 가진 사람과 관계 맺는 것을 가치 있게 여김	• 몇몇 사람들과 깊이 있는 관계 • 신뢰를 중요하게 여김 • 제한된 범위의 절친하고 믿을 만한 친구 • 관심 분야가 비슷한 사람끼리 모임 • 심도 있는 의견 교환이 가능한 1:1 대화 선호 • 깊은 우정을 유지하는 것이 중요

외 향(E)	내 향(I)
활동적	반추적
• 여가와 학습 환경에 적극적으로 개입 • 타인과 활기찬 상호작용 • 적극적인 관여 선호 • 파티나 모임에 적극적 참여 선호 • 쓰기보다 말하기, 실제 해 보고 듣고 질문하는 학습 선호	• 심상, 지적, 정신적 반응을 유발하는 것 추구 • 지적인 문화작업을 즐김 • 정신적인 반응 간의 상호작용을 즐김 • 내적으로 즐길 수 있는 종류의 활동에 참여적 • 활자화된 자료를 통한 학습
열성적	정적
• 이야기를 좋아함 • 원기 왕성하고 생동감이 넘침 • 에너지의 다이내믹한 흐름을 즐김 • 타인의 이목을 집중시키는 것을 좋아함	• 진중하고 조용함 • 주위에서 일어나는 일에 내적으로 민감함 • 풍요로운 내적 세계를 잘 표현하기 힘듦 • 강조하기 위해 말을 줄임

인식의 과정 (S/N)

감각(S)	직관(N)
구체적	**추상적**
• 있는 사실 그 자체에 주의 • 구체적이고, 눈에 보이며, 감각으로 입증할 수 있는 것을 선호 • 가치, 여가 선용, 학습 방식, 의사소통에 영향을 미침 • 추상적인 것=비현실적인 것	• 사실 이면의 가치에 주의 • 개념, 아이디어와 같은 추상적 의미 선호 • 비문자적인 해석에 능숙
현실적	**창의적**
• 효율성에 가치를 둠 • 자신이나 타인에게 쓸모 있고 가시적인 것을 선호 • 실용적이고 현실적 • 상식을 중요시함 • 개인의 안녕과 가족의 안전에 가치	• 새로움에 가치를 둠 • 가시적인 것을 넘어서는 가능성에 가치를 둠 • 새롭고 특이한 경험 선호 • 창조적 • 문제에 대한 새로운 해결책 선호
실용적	**개념적**
• 실생활에 활용할 수 있는 자극을 선호 • 익숙하고 실용적인 방식 선호 • 견고하고 확실하게 가치 부여 • 미래에 발생할 사건보다 일상생활과 업무에서 다루어지는 세부 사항을 지향	• 지금, 현재의 것보다 개념적인 수준에 추론 • 추상적이고 지적인 대화에 가치 부여 • 아이디어를 활발하게 교류할 수 있는 사람들과 자극 즐김 • 실용적, 적극적인 시도를 넘어서는 지적, 학문적 추구

감 각(S)	직 관(N)
경험적	이론적
• 오감을 사용한 사실적 경험에 의미 부여 • 자신의 경험을 진실과 적절성에 대한 기준으로 함 • 문제해결 방식으로 시행착오를 통한 단계적 접근법	• 육감을 통해 정보를 파악하고 사실을 패턴화하는 데 의미를 둠 • 개념이나 아이디어 선호 • 이미 알려진 것에는 별로 흥미가 없음 • 개념 간의 새로운 연결성을 찾아내고 탐색하는 것을 선호
전통적	독창적
• 이미 존재하는 관례를 선호 • 연속성과 안전성, 타당성 중시 • 일시적인 유행이나 행동이 불편함 • 집단에 안정성을 부여	• 새로운 변화를 추구 • 독창성에 가치 • 창의력이 풍부하며 모험적이고 진취적 • 독창적인 아이디어가 많음 • 의미를 전달하는 다양한 방법 선호

판단과 결정의 과정(T/F)

사 고(T)	감 정(F)
논리적	**정서적**
• 객관적 분석에 의한 일관성 있고 논리적인 의사 결정 • 공식이나 논리/통계적 방법 사용 • 원인과 결과가 논리적으로 맞는 것 선호 • 결정 내리기 전에 찬반 양 측면 고려	• 내면의 정서 및 가치에 의존한 의사 결정 • 감정이 결정에 우선시됨 • 안다고 느끼나 왜 그런지 설명을 못 함 • 결정을 내리기 전에 상황에 대해 좋고, 나쁜 느낌 고려
이성적	**감성적**
• 정의와 공평성의 기준에 따라 타인과의 관계 유지 • 그 관계를 과제 지향적으로 생각 (분석, 해결책 제시) • 공감만으로 문제해결 불가능 • 체계적 단계적 논증 중시 • 감정에 휘말리지 않는 일 처리	• 헌신과 정감에 가치를 두고 타인과의 관계 유지 • 정감 있는 사람을 좋아함 • 주관적 가치에 강한 신념 • 논리보다 자신의 감성에 의존 • 사람 중심으로 결정
질문지향	**협응지향**
• 질문을 통하여 명료한 판단에 접근함 • 정밀함, 지적 독립심 • 심각한 질문 선호 • 다른 사람과 의견이 달라도 본인 의견 고수 • 자기와 다른 의견 확인, 명료화	• 승인과 이해를 통하여 판단에 접근 • 만장일치와 공통점 선호 • 질문은 불편하고 비판적으로 여기는 경향 • 타인이 동의하는 것에 자기를 맞춤 • 갈등을 축소하려는 경향

사고(T)	감정(F)
비평적	**허용적**
• 일차적으로 내린 결정에 대해 비판을 통하여 명료화 • 회의적, 논평, 증명 선호 • 논박을 선호, 잘못된 것을 밝히고 지적 • 이기느냐 지느냐(승부에 관심) • 감정 개입 없이 논박	• 일차적으로 내린 결정에 대하여 관용을 통해 명료화 • 수용적, 신뢰성 선호 • 칭찬과 용서 및 타인 허용을 선호 • 상대방도 자신과 같이 친절로 대해 주길 기대 • 양쪽 모두 이기는 상황 선호
강인한	**온건한**
• 집단에 자기의 주장을 강인하게 관철함 • 생각, 아이디어를 강하게 주장함 • 자기주장을 관철하기 위해 인간관계와 지적 압력을 가할 수 있음 • 문화적으로 남성적 특성으로 보임 • 목표 달성에 집착	• 유연하고 부드러움 • 사람들이 좋아하는 방향으로 결정 선호 • 좋게 보이고 인정받고 싶음 • 문화적으로 여성적 특성으로 여겨짐 • 만인이 만족하는 결과에 도달하려고 함

생활 양식(J/P)

판 단(J)	인 식(P)
체계성	**유연성**
• 질서정연하고 조직화된 방법 선호 • 체계성=효과성 • 예기치 않은 상황을 싫어함 • 종결짓지 않는 것은 일에 대한 장애 • 쇼핑 리스트, 일일, 주간, 연간 계획 선호	• 유연한 대처 방법 선호 • 여유, 예외 상황을 즐김 (다양함과 새로움) • 무계획의 새로움을 즐김 • 계획은 구속을 의미, 싫어함 • 형식은 오히려 방해, 충동적인 것을 좋아함 • 중요한 결정은 미루어 두는 경향
목표지향적	**개방적**
• 행동보다 계획을 선호 • 장기 목표, 계획에 관심 • 미래의 과업에 대한 관심 • 긴 시간을 두고 하는 과업 선호 • 계획을 통한 효과성 선호 (계획=효율)	• 계획보다 행동을 선호 • 단기 계획에 관심 • 계획에 묶이는 것을 싫어함 • 즉흥적, 충동적, 순발력 발휘 • 계획을 짜도 유연성을 가지길 원함
조기 착수	**임박 착수**
• 과제를 예정보다 일찍 시작 • 과제가 끝날 때까지 걱정 • 긴급상황을 회피 • 시작과 끝이 분명함 • 일하고 쉰 후 다음 일에 착수	• 마지막 순간에 몰아서 하는 과업 선호 • 데드라인에 대한 스트레스가 적음 • 스트레스가 일의 촉진제 • 자료가 쌓여도 스트레스를 덜 받음 • 여러 가지 일을 한꺼번에 처리하는 경향

판 단(J)	인 식(P)
계획성	자발성
• 일상적인 일이나 표준화된 절차에 의한 일 처리가 편함 • 구조화를 편안하게 여김 ('틀') • 예측 가능한 것을 선호 • 인간관계도 계획대로 • 일을 통제	• 기대하지 않았던 상황을 선호 • 예상 이외의 상황을 즐김 • 일상적인 반복을 불편해함 • 돌발적인 상황에 자유로운 대응 선호 • 새로운 경험에 개방적 • 새로운 변화, 흥미, 자유 선호
방법적	과정적
• 과제 착수 이전에 과제의 목록을 나열, 자료, 도구, 사람을 조직화 • 한 가지씩 차근차근 계획 • 계획하는 능력을 성숙의 지표로 봄 • 정교한 프로그램 선호 • 매뉴얼을 다 읽어 보고 시작	• 계획 작성 없이 일단 일을 추진 • 과정에서 순발력 있게 해결책 유도 • 중간에 뛰어들어도 해결책이 있다고 봄 • 현재 이 순간 즉각적으로 대처 • 매뉴얼을 끝까지 읽어 보는 경우가 드묾

제4절 MBTI의 16가지 성격유형

1. 16가지 성격유형

ISTJ	ISFJ	INFJ	INTJ
내향성 감각형	내향성 감각형	내향성 직관형	내향성 직관형
ISTP	ISFP	INFP	INTP
내향성 사고형	내향성 감정형	내향성 감정형	내향성 사고형
ESTP	ESFP	ENFP	ENTP
외향성 감각형	외향성 감각형	외향성 직관형	외향성 직관형
ESTJ	ESFJ	ENFJ	ENTJ
외향성 사고형	외향성 감정형	외향성 감정형	외향성 사고형

2. 16가지 성격유형의 특성[7]

(1) ISTJ : 신객(信客), 절약가, 보수파, 준법자, 세상의 소금형

• 한번 시작한 일은 끝까지 해내는 사람들이다.

- 체계적이고 근면하며, 충성스럽고 믿음직한 사람들이다.
- 논리적으로 할 일을 결정하고 결정된 일은 망설임 없이 꾸준히 추진한다.
- 맡은 일은 반드시 완수하며 계획대로 일을 마무리하기 때문에 타인으로부터 신뢰를 받는 사람들이다.
- 현실적으로 판단하는 것과 일관성 있는 규범과 절차를 따르는 것을 중시하고 보수성향이 강한 사람들이다.
- 구체적인 사실과 세세한 일까지도 정확하고 체계적으로 기억하고, 매사에 신중하며 책임감이 강한 사람들이다.
- 질서나 조직과 같은 체계를 신뢰하고, 현재의 당면한 문제를 해결할 때 과거의 경험을 잘 활용하는 사람들이다.
- 매일 반복되는 업무에도 인내력이 강하고, 세상일에 대처할 때 행동이 매우 확고하고 분별력이 있는 사람들이다.
- '지금, 여기'에 집중하며, 일의 결과를 직접 바로 확인할 수 있는 일을 선호하는 사람들이다.
- 조직에 질서가 있고 임무가 명확하며, 수행 결과에 대한 보상이 확실한 근무 환경을 선호하는 사람들이다.
- 환경이나 타인의 방해가 없는 자신만의 공간에서 혼자 일하는 것을 선호하는 사람들이다.
- 위기 상황에서도 침착하고 충동적으로 행동하지 않는 사람들이다.

(2) ISTP : 낙천가, 소비가, 모험가, 개척자, 백과사전형

- 논리적이고 뛰어난 상황 적응력을 가지고 있는 사람들이다.
- 조용하고 말이 없으며 인생을 논리적으로 분석하고 객관적으로 관찰하는 사람들이다.
- 지나치게 편의적이고 노력을 절약하려는 경향이 보이는 사람들이다.
- 구속받기 싫어해 일정에 맞춰 기계적으로 움직이는 상황이나 생활을 불편해하는 사람들이다.
- 조용하지만 열정적이고 호기심이 많아 관심 분야에 몰입하는 사람들이다.
- 사고기능으로 논리적으로 접근하는데, 어떤 일은 비논리적이라는 이유로 중요하지 않다고 단정해 버리는 사람들이다.
- 순간적인 집중력을 요구하는 상황에서 최대한의 능력을 발휘할 수 있는 사람들이다.
- 손재주가 좋아 도구나 재료를 잘 다루며, 과학 분야, 기계, 엔지니어링 분야에 관심이 많은 사람들이다.
- 일과 관계되지 않는 이상 어떤 상황이나 타인의 일에 직접 뛰어들지 않는 사람들이다.

(3) ESTP : 주창자, 촉진자, 수완 좋은 활동가형

- 친구, 운동, 음식 등을 좋아하며, 다양한 활동을 선호하는 사람들이다.
- 타인에게 관대하고 느긋하며, 타인이나 사건에 대해 선입견 없이 개방적이다.
- 갈등을 잘 조정하고, 현실적으로 발생하는 문제를 해결하는 데 뛰어난 능력을 발휘하는 사람들이다.
- 기존의 방식으로 일을 하기보다는 실용적인 새로운 시스템을 만들고자 하는 사람들이다.
- 남녀 모두 행동파이며, 외부로 에너지를 발산하는 것을 좋아한다. 또한 매사에 즉흥적이다 보니 이들이 있는 곳에 일이 일어나기 시작한다.
- 매력적이고 사교적인 스타일 덕분에 극적인 미사여구로 일상적인 평범한 일도 흥미진진하게 만드는 사람들이다.
- 융통성과 적응력으로 현실적으로 발생한 문제를 해결하는 데 뛰어난 능력을 발휘하는 사람들이다.
- 구속받기를 싫어하며, 업무 목표는 있지만 추진 과정에서 융통성을 발휘할 수 있는 환경을 선호하는 사람들이다.
- 예술적인 멋과 판단력을 지니고 있으며, 연장이나 재료를 다루는 데 능숙한 사람들이다.
- 물질적인 소유를 좋아하기 때문에 그것을 얻기 위해 노력하는 사람들이다.

(4) ESTJ : 행정가, 운영자, 추진가, 사업가형

- 사무적, 실용적, 현실적으로 일을 많이 하는 사람들이다.
- 프로젝트를 계획하고 추진하는 능력이 있는 사람들이다.
- 사업이나 조직을 현실적, 사실적, 체계적, 논리적으로 이끌어 가는 데 타고난 능력이 있는 사람들이다.
- 혼돈 상황이나 불분명한 상태 또는 실용성이 없는 분야에는 큰 흥미가 없으며, 분명한 규칙을 중요하게 여기고 그에 따라 행동하는 사람들이다.
- 타고난 지도자 또는 관리자라는 말이 어울릴 만큼 업무를 조직화해서 일을 처리하는 것을 좋아하는 사람들이다.
- 타고난 관리자로서 일의 목표를 세우고 지시하며 결정 권한을 행사하는 역할을 즐기는 사람들이다.
- 업무 시 결과를 바로 확인할 수 있는 일을 선호하며, 가시적이고 실제적인 일을 선호하는 사람들이다.
- 어떤 계획이나 결정을 내릴 때 과거의 경험을 활용하고, 확고한 사실에 근거하여 계획하고 결정을 내린다. 또한 논리적인 추리를 제외한 그 어떤 것도 확신하지 않는 사람들이다.
- 미래의 가능성보다 현재의 사실에 관심이 많은 사람들이다.

(5) ISFJ : 보호자, 관리자, 공급자, 봉사자, 임금 뒤편의 권력형

- 성실하고 온화하며 협조를 잘하는 사람들이다.
- 온정적이며 따뜻한 마음을 말보다 행동으로 표현하며 타인의 필요를 채워 주는 봉사에 강한 욕구를 가진 사람들이다.
- 자신과 타인의 감정 흐름에 민감한 사람들이다.
- 세부적이고 치밀하며 반복을 요구하는 일을 끝까지 수행하는 등 인내심이 강하고, 이들이 가진 침착성과 인내심은 가정이나 집단에 안정감을 주는 사람이다.
- 자신의 가치와 자신이 특별히 중요하다고 여기는 사람에게 충실하며 헌신적인 사람들이다.
- 예민한 감각이 있어 색, 선 구조, 명암, 접촉, 동작, 보는 것, 듣는 것 등에 뛰어난 사람들이다.
- 정보를 꼼꼼히 잘 다루고 기억하며, 감정기능을 활용하여 친절하고 동정적이며 재치가 있는 사람들이다.
- 즉각적으로 반응하는 것을 좋아하며, 실제적이고 구체적인 도움을 줄 수 있는 일을 선호하는 사람들이다.
- 의료 분야 등 세심한 관찰력이 필요하고 인간애가 요구되는 직업을 선호하는 사람들이다.

(6) ISFP : 예술가, 온정주의자, 낙천가, 연기자, 성인군자형

- 따뜻한 감성을 가지고 있는 겸손한 사람들이다.
- 말보다는 행동으로 따뜻함을 표현하며, 마음이 온정적이고 동정적인 사람들이다.
- 타인을 배려하며, 그들의 생각이나 의견을 타인에게 강요하지 않는 사람들이다.
- 모든 것을 정신적 이상과 개인적인 가치관에 따라 판단하고, 생활과 관련된 부분은 극히 개인적으로 접근하는 사람들이다.
- 관용적이고 개방적이며 융통성과 적응력을 함께 가지고 있지만 그들의 내적 성실성이 침범당하면 조금도 양보하지 않는 사람들이다.
- 그들은 타인에게 의도적으로 감동을 주려고 하거나 지배하려 하지 않는 사람들이다.
- 모든 유형 중 가장 겸손한 유형으로 자신의 능력을 오히려 과소평가하는 사람들이다.
- 목표에 도달하기 위해 조바심을 내지 않으며 여유로운 사람들이다.
- 어떤 실질적인 대가보다는 타인을 이해하고, 사람들이 기뻐하는 것이나 건강 등에 공헌하는 일에 많은 관심이 있는 사람들이다.
- 어떤 일에 너무 몰입한 나머지 피로, 고통, 위험 등을 잘 인식하지 못하는 사람들이다.
- 순수 예술을 선호하므로 특별한 재능이 있는 작곡가, 화가, 무용가 등이 많다.

(7) ESFP : 낙천가, 현실주의자, 접대자, 사교가형

- 열정적으로 새로운 관계를 만들어 가는 사람들이다.
- 온정적이고 낙천적이며 또한 개방적이고 수용적인 사람들이다.
- 천성적으로 사람을 좋아하고 타인과 친밀한 관계를 형성하는 우호적인 사람들이다.
- 실제적이고 현실적이며 적응력이 있는 현실주의자들로, 상식과 실제적인 능력을 요구하는 분야의 일을 선호하는 사람들이다.
- 추상적인 관념이나 이론보다는 구체적인 사실들을 잘 기억하며, 논리적 분석보다는 인간 중심의 가치에 따라 결정을 내리는 사람들이다.
- 16가지 유형 중 가장 사교적인 유형으로, 사람들이 즐거움을 만끽할 수 있도록 돕는 것에 자부심을 느끼는 사람들이다.
- 타인의 감정에 공감을 잘하며 자신이 소유한 돈이나 시간을 할애하는 것에 관대한 사람들이다.
- 타인의 일이나 활동에 관심을 보이며 더 알고 싶어, 그러한 일이나 활동에 기꺼이 참여하는 사람들이다.
- 규칙, 규정, 절차 등을 준수해야 하는 조직 생활은 그들에게 매우 힘든 일이며, 철저한 독립주의자로 타인과의 관계에 예속되는 것을 거부하는 사람들이다.

(8) ESFJ : 사교가, 봉사자, 협조자, 친선 도모형

- 친절과 현실감을 바탕으로 타인에게 봉사하는 사람들이다.
- 동정심과 동료애가 많으며, 친절하고 재치가 있는 사람들이다.
- 따뜻함과 동정심이 요구되는 환자를 돌보는 의료 분야에서 능력을 발휘하는 사람들이다.
- 사람들과 상호 작용을 통해 에너지를 얻고, 타인의 칭찬과 인정에 고무되며 무관심과 불친절에는 쉽게 상처를 받는 사람들이다.
- 감각기관에 인지된 사실들에 주된 관심이 있으므로 실용적이고 현실적인 사람들이다.
- 결단력이 있고 실제적이며 필요한 일이라면 반드시 그 일을 완수하려 하는 사람들이다.
- 일정에 맞춰 정확하고 완벽하게 일을 처리하며, 진행 과정에서 과거 경험과 현실에 근거해 효율적인 방법으로 일을 추진하는 사람들이다.
- 타인이 제안하는 의견의 가치를 발견하는 재능이 있으며, 이해, 공감, 수용, 화합, 협동 등을 통해 타인과 조화를 이루며 일을 추진하는 사람들이다.
- 사람들과 상호 작용하는 분야에서 능력을 발휘하며, 업무의 목표가 명확하고 조직적인 분위기에서 일하는 것을 선호하지만, 한편으로는 서로 배려하고 이해하는 분위기에서 가장 효율적으로 일하는 사람들이다.
- 사람을 다루고 행동을 요구하는 분야에서 능력을 발휘하며, 판매업에서 뛰어난 성과를 낼 수 있는 사람들이다.

(9) INFJ : 현자, 예술가, 신비가, 예언자형

- 아이디어 분야에서 위대한 개척 추구를 하는 사람들이다.
- 사람과 관련된 것에 통찰력이 뛰어난 사람들이다.
- 아이디어, 관계, 물질 안에서 의미와 연관성을 찾는 사람들이다.
- 이미 확립된 권위나 널리 수용된 신념에도 불구하고, 진실한 관계와 일의 의미를 추구하는 데 직관적 통찰력을 발휘하는 사람들이다.
- 부딪치는 어려운 문제들이 오히려 그들을 자극하여, 불가능해 보였던 일도 곧 해결하는 사람들이다.
- 공동의 선을 위해 명확한 비전을 개발하며, 그 비전을 달성하기 위해 사람들을 조직화하고 동기화하는 사람들이다.
- 독창적이고 독립심이 강하며, 확고한 신념과 뚜렷한 원리 원칙을 견지하고 있는 사람들이다.
- 남에게 강요하기보다 자신의 행동과 권유를 통해 사람들의 마음을 움직이고 따르게 만드는 지도력이 있는 사람들이다.
- 영감에 의해 많이 지배되며, 내면적으로 독립적이고 개인적인 성향을 보인다.
- 타인의 성장과 발전에 관심이 많으며 그것을 도와주고자 노력하는 사람들이다.
- 사람의 가치를 중시하고 주위 사람들과 조화로운 인간관계를 맺는 것을 중요하게 생각하는 사람들이다.

(10) INFP : 탐색가, 예술가, 신념이 강한 사람, 이상주의자, 잔 다르크형

- 이상적인 세상을 만들어 가는 사람들이다.
- 겉으로 드러나지 않지만, 내면에 열정과 따뜻함을 지니고 있는데 타인과 친해지기 전에는 잘 표현하지 않으며 조용하고 과묵한 사람들이다.
- 인간에게 중대한 문제를 해결하는 데 기여하기를 원하며, 확고하고 정열적인 신념을 가지고 자신의 가치를 고수하는 사람들이다.
- 새로운 아이디어와 가능성에 대한 호기심이 많고, 자신에게 중요한 것을 조용히 추진하며 웬만해서는 포기하지 않는 사람들이다.
- 자신이 지닌 내면의 완벽한 비전에 따라 자신의 세계를 만들어 갈 때 최대의 능력을 발휘하는 사람들이다.
- 새로운 아이디어를 제안하고 직관적 통찰력과 장기적인 안목으로 미래를 내다볼 수 있는 일을 선호하는 사람들이다.
- 타인의 정서를 이해하고 원만한 관계를 원하지만, 타인과의 갈등이 야기되었을 때 힘들어하는 사람들이다.
- 어떤 일에 깊은 관심을 가질 때 완벽주의로 나가는 경향이 있는 사람들이다.
- 타인의 일을 돕는 일에 사명감을 가지고, 그러한 직업과 관련해서 필요한 자기희생을 기꺼이 감수하는 사람들이다.
- 내면의 가치에 대해 비할 데 없이 존중하는 사람들이다.

(11) ENFP : 참여자, 열성적인 사람, 작가, 외교가, 스파크형(연예인형)

- 열정적으로 새로운 관계를 만들어 가는 사람들이다.
- 인생을 흥미로운 가능성으로 가득 찬 창의적인 모험 세계로 보고 항상 새로운 가능성에 도전하는 사람들이다.
- 항상 여러 가지 과업이 가지는 가능성에 대해 관심이 많다 보니 막상 과업을 선택하는 데 어려움을 겪는 사람들이다.
- 풍부한 상상력과 영감으로 새로운 것을 찾고 호기심을 채우는 데 질리지 않는 사람들이다.
- 타인의 욕구를 민감하게 파악하여 적절한 도움을 주고자 하며, 칭찬, 찬사 등을 적극적으로 표현하는 사람들이다.
- 유동적인 환경에서 최대 능력을 발휘하며, 자신의 창의력과 카리스마를 발휘할 수 있을 때 뛰어난 능력을 보이는 사람들이다.
- 어려움을 당할 때 오히려 더욱 자극을 받으며, 어려움을 해결하는 데도 매우 독창적인 사람들이다.
- 특별히 사람의 가능성에 관심을 두고 상상력을 풍부하게 발휘할 수 있는 환경에서 일하는 것을 선호하는 사람들이다.
- 매력 있는 동료들과 잘 어울리고 다른 사람들과 같이 있는 것을 좋아하는 사람들이다.
- 반복되는 일상적인 일을 견디지 못하는 사람들이다.
- 한 가지 일을 끝내기 전에 다른 일을 벌이는 사람들이다.
- 어떤 일을 추진할 때 풍부한 상상력과 순간적인 에너지를 발휘하여 즉흥적이고 재빠르게 해결하는 사람들이다.

(12) ENFJ : 지도자, 교사, 협조자, 언변 능숙형

- 타인의 성장을 도모하고 협동하는 사람들이다.
- 일반적으로 생기가 넘치며 새로운 아이디어에 호기심이 많은 열정적인 사람들이다.
- 동정심과 동료애가 많으며 타인에게 온화한 태도를 보이는 사람들이다.
- 책에 관심이 많고 이론을 파악하는 데 재능이 뛰어나지만, 쓰는 것보다 말하는 데 이용하는 사람들이다.
- 타인의 좋은 점을 지나치게 이상화하거나 자신이 좋아하는 인물, 제도 또는 이념을 지나치게 이상화하여 맹목적으로 추종하는 사람들이다.
- 타인에게 칭찬이나 인정을 받으면 맡은 일에 열중하나 비판에는 민감한 사람이다.
- 공동의 선을 위해 대체로 상대방의 의견에 동의하고, 자신의 아이디어와 계획을 제시하며 이들을 이끌어 가는 탁월한 지도자가 될 수 있는 사람들이다.
- 언어가 유창하고 사교적인 유형이라 사람을 다루고 대면하는 일이나 필요한 행동을 요구하는 방면에 능력이 있는 사람들이다.
- 인간관계를 비롯한 일 처리에 조화와 인화를 중시하는 사람들이다.

(13) INTJ : 이론가, 발명가, 독창적인 사람, 과학자형

- 전체적으로 조합하여 비전을 제시하는 사람들이다.
- 행동과 사고에 있어 독창적인 사람들이다.
- 내적인 신념과 비전은 산이라도 움직일 만큼 강해, 16가지 유형 중에서 가장 독립적이고 단호하며, 때로는 문제에 대해 고집이 센 사람들이다.
- 자신이 가진 영감과 목적을 실현하려는 의지와 결단력과 인내심을 가진 사람들이다.
- 냉철한 분석력으로 인해 일과 사람을 있는 그대로 수용하고 음미하는 것이 어려우므로, 타인의 감정과 타인의 관점에 귀를 기울이는 노력이 필요한 사람들이다.
- '자신의 힘'에 대해 내적 믿음을 가진 16가지 유형 중 가장 자신감에 넘치는 사람들이다.
- 행동은 물론 생각도 냉철하게 혁신을 추구하는 사람들이다.
- 결정은 당연히 이들의 몫이며, 결정되어야 비로소 안심하는 사람들이다.
- 미래를 중시하는 편이며, '시스템 구축가' 또는 '이론적 모델 응용자'라 할 수 있는 사람들이다.
- 자신과 타인의 능력을 중요하게 여기며, 목적을 달성하기 위해 모든 시간과 노력을 바치는 사람들이다.
- 대담한 직관력은 비교할 수 없는 독보적 가치가 있으며, 이것을 가진 사람들이다.
- 영감이 실현되는 것과 타인이 자신의 영감을 수용하여 응용하는 것을 보고 싶어 하는 사람들이다.

(14) INTP : 건축가, 철학자, 과학자, 이론가, 아이디어 뱅크형

- 비평적인 관점을 가지고 있는 뛰어난 전략가들이다.
- 조용하고 과묵하나 관심 분야에 대해서는 말을 잘하는 사람들이다.
- 논리적인 순수성을 추구하고 보편적인 진리와 원리를 탐구하며, 끊임없이 자신과 타인에게 '왜'라는 물음을 던지는 사람들이다.
- 분명하고 이해가 빠른 사색가이며 자신이 흥미 있는 분야에 깊게 몰입하는 사람들이다.
- 사고 과정에서 고상함과 효율성을 추구하며, 자신의 의사소통도 엄격하게 이것들을 요구하는 사람들이다.
- 직관적 통찰력으로 개념적인 모델을 세우고 독특하고 복잡한 아이디어를 개발하는 사람들이라, 일반적인 진리로 여기는 대상을 무시하는 것처럼 비칠 수 있다.
- 흥미에 대한 선호가 뚜렷하므로 지적 호기심을 활용할 수 있는 분야에서 두각을 나타내는 사람들이다.
- 자료를 요약하고 일반화하여 새로운 모델을 만드는 것을 즐기는 사람들이다.
- 사고기능을 어떤 현상이나 아이디어든 그 속에 있는 중요한 원칙을 찾고 분석하는 데 사용하는 사람들이다.
- 모든 유형 중에서 사고와 언어 방면에 가장 정밀함을 보이며, 따라서 사고와 언어의 명확성, 불일치를 즉각적으로 파악하는 사람들이다.
- 독립성과 스스로 결정하여 일할 수 있는 개인적인 자유와 조용함이 보장되고 융통성이 있으며 비조직적인 근무환경을 좋아하는 사람들이다.

(15) ENTP : 창의자, 활동가, 능력자, 해결사, 발명가형

- 풍부한 상상력으로 새로운 것에 도전하는 사람들이다.
- 독창적인 혁신가이며 창의력이 풍부한 사람들이다.
- 이들이 바라보는 세상은 가능성, 흥미로운 개념, 자극적인 도전들로 가득 차 있으며, 새롭고 복잡한 것을 추구하는 사람들이다.
- 어려운 문제를 접할 때 자극을 받고 문제를 해결하기 위한 창의적인 방법을 고안하며 자신의 즉흥적인 처리 능력을 신뢰하는 사람들이다.
- 풍부한 상상력을 발휘하여 새로운 프로젝트를 도전적으로 시도하는 사람들이다.
- 자신이 추구하는 가치나 신념에 대한 강한 확신으로 기준, 전통, 권위를 무시하는 사람들이다.
- 미리 계획하고 설계하기보다 문제가 발생하면 그때그때 풀어 가는 사람들로, 임기응변은 강하지만 미리 준비해야 하는 중요한 것을 빠뜨리는 사람들이다.
- 직관력의 소유자들로 물리적, 기계적인 관계뿐만 아니라 사회적인 관계를 창의적으로 처리한다.
- 매력이 넘치는 대화를 잘하며, 타인의 복잡한 언어 구사에 대해서도 이해가 빠른 사람들이다.
- 상대방을 불리하게 만드는 논쟁 기술을 곧잘 구사하며, 항상 타인보다 유리한 입장을 견지하는 유일한 유형의 사람들이다.

(16) ENTJ : 통솔자, 정책 입안자, 활동가, 지도자형

- 비전을 가지고 사람들을 활력적으로 이끌어 가는 지도자 유형의 사람들이다.
- 일에 대해 지칠 줄 모르고 헌신하며, 일을 위해서라면 다른 생활을 쉽게 포기할 수 있는 사람들이다.
- 문제에 부딪히면 문제해결을 위해 모든 정보와 자원은 물론 분석력과 전략적 사고를 활용하는 사람들이다.
- 자신이 속한 조직을 구조화하고, 개인의 목표와 조직의 목표를 달성하기 위해 전략을 고안하는 사람들이다.
- 분류, 일반화, 요약, 증거 제시, 증명 등을 쉽게 활용하고, 규정이나 절차보다 정책이나 목표를 중시하는 사람들이다.
- 관심 분야에 관련된 새로운 지식에 대해 관심이 많으며, 복잡한 문제나 지적인 자각을 주는 새로운 아이디어에 호기심이 많은 사람이다.
- 조직의 구축 욕구와 조직의 지휘관 욕구가 매우 강한 사람들로, 조직을 맡게 되면 조직이 가고 있는 방향을 조망하고 파악하는 데 탁월한 능력이 있는 사람들이다.
- 기존의 절차들을 다 포용하려고 하지만 절차가 목적 달성과 관련이 없을 때는 가차 없이 버리는 사람들이다.
- 비능률적으로 일하거나 실수를 반복하는 것을 용납하거나 참지 못하는 사람들이다.

이상에서 MBTI의 심리적 태도와 기능별 선호지표와 선호지표별 심리적 특성을 위주로 소개하였으며, 참고로 16가지 심리유형과 유형별 특징도 간단히 소개하였다.

여기에서 독자분들을 위해 꼭 밝혀 두고 싶은 것은, MBTI의 16가지 성격유형에 대한 일반적인 특징이 널리 알려져 있기는 하지만, 때로는 우리의 성격이 일반적인 또는 상투적인 유형 설명과는 다를 수 있다는 점이다. 이것은 개인별로 같은 유형이라도 척도별 점수가 다르고, 유형별로 주기능, 부기능, 3차기능 및 열등기능 등으로 나누어져 태도나 기능별로 작용하는 강도가 다 다르기 때문이다. 또한 개인별로 사회생활을 영위하면서 개성화 과정을 통해 본인의 열등기능을 보완하는 노력도 더해지기 때문이기도 하다. 게다가 각 기능은 선호하는 태도의 방향이 외향 또는 내향이냐에 따라서도 표현이 달라진다. 따라서 특정 유형은 이러이러하다는 식으로 한 개인의 성격을 일도양단(一刀兩斷)하듯 유형화하는 것은 쉬운 일도 아니며, 자칫 일반화의 오류를 범할 수도 있다는 점을 한 번 더 강조한다.

MBTI와 관련한 자료는 인터넷이나 책자로 워낙 많은 양이 제공되고 있으므로, 추가적인 상세 정보가 필요한 독자분들은 비교적 쉽게 필요한 영역을 찾아 참고할 수 있을 것으로 믿는다.

제3장

사주 심리학 둘러보기

본 장의 1절에서는 사주 심리 분석을 위한 알파요 오메가이며 자평명리학의 꽃인 십성의 정의와 각 십성이 갖는 뜻에 대해 상세히 알아보고, 2절에서는 『사주로 MBTI 엿보기』의 이론적 뒷받침이 되는 두 명리학자의 사주 심리학 관련 내용을 비교적 상세히 소개하고자 한다.

제1절 십성(十星)과 십성이 가지는 뜻

본 절에서는 "십성이란 무엇인가?"에 대해 대만의 명리학자 하건충(何建忠) 선생의 '십성론'을 중심으로 소개하고자 한다. 또한 사주 심리학을 이해하고 MBTI의 각 선호지표가 갖는 특성과 비교하기 위해서는, 가장 핵심인 십성이 가지는 뜻에 대한 이해가 선행되어야 한다. 이를 위해 하건충 선생과 대만의 명리학자인 진춘익(陳椿益) 선생의 견해를 비교하여 소개하고자 한다.

1. 십성론(十星論)[8)9)]

(1) 십성이란?

십성을 글자 그대로 풀이하면 '열 가지 종류의 별'이라는 뜻이 되지만, 실제는 일간(日干) 주체를 중심으로 십천간(十天干)을 음양(陰陽)에 따라 자평명리학(子平命理學)에서 정해 놓은 명칭이다. 자평명리학에서는 십성에 매우 큰 비중을 두고 있어 자평명리학의 꽃으로 불리기도 한다. 특히 십성은 사주 심리를 분석할 때 매우 유용한 쓰임새를 갖고 있어 본 절에서 비교적 상세히 다루고자 한다.

우리가 만약 이미 한 사람의 팔자를 해석하는 법을 알고 있고 게다가 그 팔자가 좋고 나쁨을 분별할 수 있다면, 더 나아가서 팔자의 어느 부분이 좋고 어느 부분이 나쁜지 그리고 그 사람의 심리적 특성은 무엇인지에 대해 마땅히 해석할 수 있어야 한다. 이들을 해석하기 위해서는 먼저 십성이 갖는 뜻에 대한 이해가 선행되어야 한다. 이른바 '십성'은 실제로 열 가지의 형태이고, 이러한 열 가지 종류의 십성 형태는, 단지 팔자상에서만 그것들의 쓰임새가 있는 것이 아니라, 모든 인문 과학 분야가 그것을 응용할 수 있다. 예를 들면 심리 연구, 인재 관리, 적성 검사 등의 분야에 응용할 수 있다.

십성이 가지는 뜻을 이해하기 위해서는 먼저 반드시 주체인 일간(日干)의 특성을 분명하게 알아야 한다. 일반적으로 말하자면 한 사람의 팔자에서의 일간은 세 가지 특성이 있다.

첫째는 일간이 **정신주체아(精神主體我)**이고,
둘째는 일간이 **육체아(肉體我)**이며,
셋째는 일간이 일주(日主) 천간의 **천간특성적아(天干特性的我)**이다.

예를 들어, 일간이 癸水이면 일간은 癸水가 대표(의미)하는 심성 및 운명의 사상(事象)에 해당하는 '나'가 된다.

이 세 가지 특성 중 육체아는 부속적(附屬的)인 것이 된다. 왜냐하면 일간의 본성으로 말하자면, 그것은 태극의 특성과 유사하기 때문이다.

우리는 우주의 근본인 태극, 곧 만물의 근원, 즉 도(道)가 된다. 따라서 태극의 하강은 곧 우리 자신의 영(靈), 즉 정신주체아가 됨을 의미한다. 그러나 정신주체아와 육체아는 서로 결합하여 하나가 되는데 이것은 정신주체아는 항상 육체아 속으로 진입할 수 있기 때문이다. 이러한 이유로 일간은 부속적으로는 육체아를 대표하기도 한다.

그러나 우리가 반드시 유념해야 할 점은, 일간이 정신주체아를 대표하는 것이 정(正)이고 육체아를 대표하는 것은 부(副)라는 사실로, 정, 부의 관계를 뒤집어서 본말(本末)을 전도할 수 없다는 것이다.

통상적으로 일간은 정신주체아를 100% 대표할 수 있지만, 육체아는 단지 70~80%만을 대표할 수 있다. 그렇지만 대철 대오한 수도인에게는 일간이 육체아로 대표됨이 없다.

만약 일간을 정신주체아의 입장으로 보면, 일간과 기타 일곱 개 간지(干支) 간의 상호작용을 면밀하게 살펴 한 개인이 타고난 심성 및 능력을 분석해 낼 수 있다. 전술한 바와 같이 일간은 100% 정신주체아를 대표하므로, 이론적으로 이와 같은 입장에서 추출한 심리 상태의 적중률은 100%가 된다.

그러나 만약 일간을 육체아로 보면, 일간과 기타 일곱 개 간지 간의 상호작용을 살펴 한 개인의 심리와 무관한 운명을 분석해 낼 수가 있다. 그러나 일간은 단지 70~80%만 육체적 자아를 대표하기 때문에, 이러한 종류의 운명 감정 방식의 적중률은 단지 70~80%밖에 되지 않는다. 게다가 환경이 미치는 운명 요인을 제외하면 실제의 적중률은 60~70%로 떨어지게 된다.

따라서 우리는 지금부터 당연히 명리학(命理學)에서 비교적 적중률이 높은 판단 방법, 즉 '심리 분석 및 심리와 유관한 운명 사상(事象)'의 분석만을 위주로 명리학을 적극적으로 연구해야 할 것이다. 관직이 어느 정도 품위까지 올라갈 것인지, 돈을 얼마나 벌 수 있을 것인지, 사내아이를 몇이나 낳을 것인지 등의 문제들에 대해서는 굳이 감정(鑑定)하려고 할 필요가 없다. 설령 여러분이 어떠할 것이라고 감정을 했다 하더라도, 한마디의 질문으로 여러분의 감정이 맞지 않다는 것을 증명할 수 있다. 즉 같은 사주를 갖고 태어난 사람들이 "설마 모두가 그렇다고는 하지 않겠지요?" 하고 물으면, 여러분은 대답할 말이 없기 때문이다.

이른바 십성은 비견(比肩), 겁재(劫財), 식신(食神), 상관(傷官), 편재(偏財), 정재(正財), 칠살(七殺), 정관(正官), 편인(偏印), 정인(正印)을 말한다. 이 열 가지 성(星)의 이름은, 일간과 천간(天干)의 대응 관계를 살펴서 붙여진 것이다.

예를 들어 일간이 甲木이면, 甲木은 곧 나 자신이 된다. 이러한 甲木 일간이 기타 천간 중의 丁火를 보면 甲木은 丁火를 생(生)함과 동시에 甲木과 丁火는 음양이 서로 달라 서로 간에 끌어당기는 힘을 갖게 된다. 따라서 丁火는 내가 생하면서 동시에 나와 서로 끌어당기는 관계를 일컫는데, 이러한 형태 관계를 고인들은 상관이라고 명명했다. 상관은 곧 관의 명령을 상해(傷害)한다는 뜻이다. 이와 마찬가지로, 일간이 乙木이 되고 천간 중에 丙火를 보게 되면, 이 丙火를 상관이라 부르고, 일간이 戊土이고 천간 중에 辛金을 보면 辛金 역시 상관이 된다.

그럼 이제 아래에서 일간 甲木을 예로 들어 각 십성이 가지는 뜻을 설명해 보기로 하겠다.

십성 명칭	대응 관계	십성 형태의 함의
비견(比肩)	甲 대 甲	나를 도우나 나는 밀쳐 내는 관계
겁재(劫財)	甲 대 乙	나를 도우면서 나와 끌어당기는 관계
식신(食神)	甲 대 丙	내가 생하면서 밀쳐 내는 관계
상관(傷官)	甲 대 丁	내가 생하면서 끌어당기는 관계
편재(偏財)	甲 대 戊	내가 극하면서 밀쳐 내는 관계
정재(正財)	甲 대 己	내가 극하면서 끌어당기는 관계
칠살(七殺)	甲 대 庚	내가 극을 받으면서 밀쳐 내는 관계
정관(正官)	甲 대 辛	내가 극을 받으면서 끌어당기는 관계
편인(偏印)	甲 대 壬	나를 생해 주나 나는 밀쳐 내는 관계
정인(正印)	甲 대 癸	나를 생하면서 나와 끌어당기는 관계

상기 도표 중 甲木 대 庚金이란 곧 甲木이 일간이 되었을 때 庚金이 甲木을 극하고 甲木은 庚金을 밀쳐 낸다는(양자가 모두 양이라 서로 밀쳐 낸다) 뜻이므로, 내가 극을 받으면서 밀쳐 낸다고 설명한 것이고, 대표하는 성(星)은 칠살 또는 편관(偏官)이 된다. 나머지도 모두 이처럼 설명할 수 있다.

독자들이 쉽게 십성을 찾아 볼 수 있도록 열 가지의 일간과 열 가지의 십성 대조표를 아래에 나타내었다.

	比肩	劫財	食神	傷官	偏財	正財	七殺	正官	偏印	正印
甲木	甲	乙	丙	丁	戊	己	庚	辛	壬	癸
乙木	乙	甲	丁	丙	己	戊	辛	庚	癸	壬
丙火	丙	丁	戊	己	庚	辛	壬	癸	甲	乙
丁火	丁	丙	己	戊	辛	庚	癸	壬	乙	甲
戊土	戊	己	庚	辛	壬	癸	甲	乙	丙	丁
己土	己	戊	辛	庚	癸	壬	乙	甲	丁	丙
庚金	庚	辛	壬	癸	甲	乙	丙	丁	戊	己
辛金	辛	庚	癸	壬	乙	甲	丁	丙	己	戊
壬水	壬	癸	甲	乙	丙	丁	戊	己	庚	辛
癸水	癸	壬	乙	甲	丁	丙	己	戊	辛	庚

(2) 십성과 십천간(十天干)의 관계

각 십성이 가지는 뜻을 논하기 전에, 주체 일간(日干) 또는 일주(日主)의 오행이 가지는 본연의 뜻과 일간에 해당하는 십성과 그 십성이 가지는 뜻을 이해하는 것이 무엇보다 중요하다. 왜냐하면 사주로 심리를 제대로 분석하기 위해서는, 사주에서 가장 비중이 큰 일간이 가지는 본연의 특성을 아는 것이 제일 중요하다. 또한 일간과 타 십성 간의 친밀도와 일간을 포함한 십성의 강도를 계산할 때, 일간 십성의 역량이 가장 크기 때문이다(제3장에서 다룰 것임).

1) 각 십천간이 가지는 본연의 특성

만약 어떤 사람이 일반 명리학자에게, '일간 甲木이 상관을 보는 것과 일간 癸水 또는 丙火가 상관을 보는 것은 무엇이 다른가?' 하고 물으면, 일반 수준의 학자는 아마도 갑자기 멍해지면서 몹시 당황할 것이다. 비교적 고명한 학자는 金은 義에 속하며, 水는 智에 속하며, 火는 禮에 속하며, 土는 信에 속한다는 원칙적 설명을 할 것이다. 더욱 수준 높은 학자는 다년간의 실제적인 임상경험을 설명하거나 더 나아가서는 임상경험들을 비교하려 할 것이다. 그런데 이러한 설명이나 비교는 어쨌든 부분적이므로, 이에 대해 깊이 파고들 수도 없고 보편성을 갖출 수도 없다. 이러한 이유로 각 십천간이 가지는 본연의 특성에 대해 집중적으로 연구할 필요가 있다.

오래전 십천간의 특성에 관한 연구논문 중에서 비교적 일반인들에게 추앙과 존중을 받는 것이 있으니, 그것은 유백온(劉伯溫) 선생이 저술한 『滴天髓』라는 책 속에 있는 '십간론(十干論)'이다.

원문의 내용을 낭월 박주현 스님이 풀이하여 선생의 저서 『사주 심리학』 기본 편에 수록한 내용을 인용하면 다음과 같다.[10)]

▶ 甲木은 하늘을 찌를 듯이 솟아나는 성분이며, 처음에 움직일 적에는 火의 도움이 필요하다. 봄의 木은 金을 받아들일 수 없고, 가을의 木은 土를 받아들일 수 없다. 불길이 거세지면 辰土를 의지하게 되고, 물이 질펀하면 寅木을 의지하게 된다. 지지(地支)가 촉촉하고 천간이 따스하면, 곧게 심어져서 천년의 세월을 살게 된다.

▶ 乙木은 비록 약하지만, 丑土와 未土를 뚫을 수 있고, 丁火를 품고 丙火가 있으면 酉金이든 申金이든 두렵지 않다. 질펵하고 무른 땅을 만나게 되면 午火를 만나더라도 또한 근심이고, 甲木을 만나 기운이 엉켜서 하나가 되면 봄에도 좋고 가을에도 좋다.

▶ 丙火는 기운이 맹렬(猛烈)하니 눈과 서리를 능히 무시하고, 庚金을 만나면 단련시키나 辛金을 만나면 도리어 겁낸다. 土는 많이 있어도 자애심을 내고, 水가 불을 끈다고 해도 절개를 지키는데 寅, 午, 戌의 火 세(勢)가 모여드는 사주에서 甲木을 만나게 되면 목은 불타게 된다.

▶ **丁火**는 음의 성분이면서도 중심이 있고, 그 속의 성품은 쇠를 녹일 수 있다. 乙木을 감싸서 효도하고, 壬水와 합하여 충성한다. 왕성(旺盛)하여도 맹렬하지 않으며, 쇠약(衰弱)해도 다하여 소진함이 없으며, 적모(嫡母)가 곁에 있다면 가을이나 겨울이나 모두 좋다.

▶ **戊土**는 단단하고도 무거운 성분이며, 이미 중심을 잡고서 반듯하기도 하다. 고요하면 닫히고 움직이면 열려서 만물의 생명을 관장하게 된다. 수분이 있어 윤택하면 만물이 창성(昌盛)하고, 화기(火氣)가 많아서 조열(燥熱)하면 만물은 병이 든다. 북동향이나 남서향에 있으면, 충이 두려우니 안정(安靜)함이 마땅하다.

▶ **己土**는 낮고도 습한 성분이며, 중심을 잡으면서 올바름을 저장한다. 木이 왕성해도 근심하지 않으며, 물이 미쳐 날뛰어도 두려워하지 않는다. 불이 적으면 불을 어둡게 하고, 金이 많으면 빛나게 해 준다. 만약 만물을 왕성하게 하고자 할 때는 도와주고 곁들어 줘야 함이 마땅하다.

▶ 숙살(肅殺)의 기운을 갖는 **庚金**은 무엇보다 강력하여 으뜸이 되며, 물을 얻어 완고한 기운을 설기(泄氣)하니 맑아지는 성분이요. 불을 얻어 제화(制化)를 받으면 날카로워진다. 윤택한 土를 만나면 더욱 강해지지만 메마르고 건조한 土는 부스러져 쓸모가 없다. 甲木형(兄)이지만 능히 견제하고 통제하나, 乙木 누이에게는 합을 하여 정을 준다.

▶ **辛金**은 연약한 성분이나 온기로 따뜻하게 해 주면 맑아진다. 土가 쌓여서 덮으면 두려워하나 물이 많은 것은 오히려 좋아한다. 임금을 도와서 사직을 능히 구하고, 위태로운 지경에 처한 백성도 구한다. 더울 적에는 어머니를 기뻐하고, 추운 날이면 丁火를 반긴다.

▶ **壬水**는 은하계(銀河系)에 통하고, 능히 금의 기운을 설기하니 강한 성분이면서도 유통하게 하는 덕을 품고 두루두루 흘러서 막힘이 없다. 지지에 통근하고 癸水가 나타나면 하늘과 땅을 휩쓸고 다니고, 조화(造化)를 이루면 유정(有情)하게 되며 흐름을 따르게 되면 함께 이루는 공이 된다.

▶ **癸水**는 약한 중에도 약한 성분이나 천진에 도달하는 끈기가 있다. 용을 만나 비를 내리게 되면 윤택해지니 그 공이야말로 과연 신(神)이라고 할 만하다. 土가 많아도 두려워하지 않으며, 庚, 辛金에 대해서는 논하지 않는다. 戊土와 합하여 다시 불을 보게 되면, 조화를 이루게 되어 형상이 참되다고 한다.

2) 십천간과 십성 간의 관계

일반학자들은 이상에서 언급한 십간론이 우수하다는 사실을 인정한다. 왜냐하면 십간론이 상당한 계몽성이 있으며 또한 팔자가 좋고 나쁨을 판단할 때 도움을 줄 수 있는 몇몇 해법상의 원칙을 제공하기 때문이다. 그러나 십간론은 甲木과 丁火, 癸水와 甲木, 丙火와 己土 세 종류의 상관이 어떤 차이점이 있는지 설명하지 않았으며, 또한 庚金과 乙木, 辛金과 甲木 두 종류의 정재 간 차이점도 설명할 방법이 없다. 따라서 우리는 반드시 별도의 경로를 설정하여 십간 각각의 속성을 찾아낼 필요가 있다.

　십성은 곧 정신주체아 위주로 설정된 열 가지의 형태로 수많은 것을 유추할 수 있다. 마찬가지 이치로 십천간도 역시 정신주체 아 위주로 설정된 열 가지의 형태이므로 수많은 사상(事象)을 유추할 수 있다 (왜냐하면 태극 하강의 관계로부터 십천간이 완성되었기 때문이다). 따라서 이들 양자는 모두 유일성(唯一性)을 갖추고 있으므로, 양자는 당연히 같아야 한다. 결론적으로 말해서 십 천간 및 십성의 대응 관계는 다음의 표와 같다.

天干	甲	乙	丙	丁	戊	己	庚	辛	壬	癸
十星	偏財	正財	七殺	正官	偏印	正印	比肩	劫財	食神	傷官

십천간과 십성 간의 상호 관계를 도출하게 된 이유는 다음과 같다.

　① 십천간 중 단지, 甲, 乙木만이 유기체라서 생장(生長)할 수가 있고, 우리 인간의 심리가 내재(內在)되어 있는 오직 신체만이 유기체라서 성장할 수 있다. 그리고 신체는 십성 중에서 정재와 편재를 가리키기 때문에 정재와 편재는 당연히 甲, 乙木과 대응이 된다. 또한 정신

주체아는 육신과 밀접하게 결합하여 있는데, 이러한 정황은 庚乙 合으로 설명할 수 있다. 따라서 정재는 乙木이 되고 庚金은 정신주체아가 되며, 甲木은 자연스럽게 편재가 된다.

② 십천간 중 丙, 丁火는 밝고 환한 상(象)으로 모든 사람이 그것을 받아들이므로 보편성을 갖추고 있는 것이며, 십성 중에는 오직 정관과 편관이 보편성을 갖추고 있다(각 개인이 같은 도리와 원칙과 법규를 준수한다). 사람들이 그러한 사실을 받아들일 수 있으므로 丙, 丁火는 각각 정관과 편관이 되며, 앞에서 언급한 庚金 정신주체아와 서로 비교하면 丁火는 정관이 되고 丙火는 편관이 된다.

③ 십천간 중 戊, 己土는 태극 하강의 본체이므로 종합성(木, 火, 金, 水를 종합한다), 중용성(中庸性), 도성(道性)을 갖고 있는데, 이는 십성 중의 정인과 편인이 갖는 귀일성(歸一性), 함양성(涵養性) 및 종교성과 유사하다. 게다가 土 性이 갖추고 있는 후중성(厚重性) 또한 정, 편인만 갖고 있다. 따라서 위에서 언급한 바와 같이 庚金 정신주체아와 서로 비교하면 己土는 정인이 되고 戊土는 편인이 된다.

④ 십천간 중 庚, 辛金은 강경하고 강건하여 십성 중 비견과 겁재가 서로 대응이 된다. 이로 인해 앞에서 언급한 庚金 정신주체아와 서로 비교하면, 庚金은 비견이 되고 辛金은 겁재가 된다.

⑤ 십천간 중 壬, 癸水는 유동적이고 일정하지 않아 십성 중의 식신

및 상관과 서로 대응이 된다. 따라서 庚金 정신주체아와 서로 비교하면 壬水가 식신이 되고 癸水는 상관이 된다.

⑥ 십천간이 대표하는 십성의 관계는 십천간 간의 관계와 완전히 일치한다. 예를 들면 癸水는 丁火를 극하는데, 이는 곧 癸水가 대표하는 상관이 丁火가 대표하는 정관을 극한다는 의미도 되는 것이다.

이상의 십천간과 십성 간의 관계를 바탕으로 십천간의 특성을 간략하게 추론하면 다음과 같다.

▶ 甲木 : 구체적인 물질세계를 중시하나, 물질에 대해 집착은 하지 않는다. 기계 등 사물을 능숙하게 다루며 일반적인 지각력이 강하고, 부친을 대표한다.

▶ 乙木 : 육신에 대한 욕망이 강하며, 현실과 물건의 쓰임새를 중시하고 온화하다. 육신에 대한 감각이 매우 영민하며, 사람의 육체, 아내, 금전과 재화를 대표한다.

▶ 丙火 : 만사에 의기(義氣)가 있으며 권위 의식이 많다. 일을 행함에 힘이 있으며 굽히거나 방해하지 않고 일을 처리함이 공명정대하다.

▶ 丁火 : 공무를 중히 여기고 법을 지킨다. 매우 이성적이다. 만사

에 비교적 쉽게 순종하고 걱정하며, 단체와 대중을 상대로 하는 일에 비교적 흥미가 있다. 남편과 관직을 대표한다.

▶ 戊土 : 물질에 대해 별로 관심이 없고 고독 벽이 있으며 남의 일에 간섭하기를 싫어하지만 동시에 남이 간섭하는 것을 허용하지 않는다. 비록 활기는 없지만 얼마간 작은 성과가 있기를 바란다.

▶ 己土 : 유약(연약)하며 너그럽고 성실하다. 전설을 믿으며 종교와 비교적 관계가 있다. 수양이 되어 있고 인자하다. 만사를 쉽게 일반화하며, 모친을 대표한다.

▶ 庚金 : 강건하나 무모하지 않으며, 자주적이나 침범하지 않는다. 독립적이고 두려움이 없으며, 강경하나 사납지 않다. 형제와 친구를 대표한다.

▶ 辛金 : 무모하고 격렬하며 매우 급하다. 조작욕(造作慾)이 있고 침범성이 강하며, 피를 흘리는 것을 두려워하지 않고 공격성이 있다. 조금도 제한이나 속박이 없는 상태를 바라며, 형제와 친구를 대표한다.

▶ 壬水 : 감상력이 풍부하고 돌아다니기를 좋아하며, 만사를 비교적 섬세하게 분별할 수 있다. 문예 방면에 취미가 있으며 창작의 구상과 영감이 막힘이 없다. 여성에게는 딸을 대표한다.

▶ 癸水 : 민감하고 환상이 많으며 남이 자신을 인정하는 것을 중시

한다. 오래된 것을 싫어하고 새로운 것을 좋아한다. 기존의 규칙이나 굳어진 관습을 싫어하고 생각에 변화가 많으며, 문예를 좋아한다. 여성에게는 아들을 대표한다.

2. 십성이 가지는 뜻

(1) 하건충(何建忠) 선생의 견해(『八字心理推命學』 중에서)[8)9)]

1) 비견(比肩)

일간이 정신주체아(精神主體我)가 될 때 비견이 가지는 뜻은, 나를 돕지만 나는 밀쳐 내는 관계이다. 이러한 뜻과 겁재가 가지는 뜻을 서로 비교, 유추하면 다음과 같은 심리 상태를 알아낼 수 있다.

강건하지만 경솔하지 않고, 일을 처리할 때 추진력은 있지만, 그 행동이 비교적 느리며, 어려운 일이 발생하더라도 두려워하지 않지만 난폭하지도 않으며, 침범당하지도 않고 또한 쉽게 침범하지도 않으며, 주동적이며 자주적이다.

만약 일간이 육체아(肉體我)가 될 때, 비견이 가지는 뜻은 육체 자아를 돕지만 육체 자아와의 관계는 양호하지 못한 것이 되어, 이에 해당하는 우주 간의 사람 및 사물의 예는 다음과 같다.

형제, 친구, 건강기구, 골격, 근육 등.

2) 겁재(劫財)

일간이 정신주체아가 될 때 겁재가 가지는 뜻은, 나를 도우면서 서로 끌어당기는 관계가 되는데, 정재 및 정관이 가지는 뜻과 관련지어 간접적으로 유추하면 그 심리 상태를 이해할 수 있다.

겁재는 정재를 극하며 정재는 육체로 볼 수 있으므로, 겁재는 나의 기세를 증가시켜 그 기세로 육체를 통제할 뿐만 아니라, 나는 그 기세를 끌어당기는 힘이 있으므로 더욱 강해진다. 따라서 겁재는 무엇을 하겠다고 생각하면 곧바로 행동에 옮기며, 성격이 급하고, 일을 추진하고자 하는 강렬한 욕망이 있으며 충동적이다. 육신에 대한 욕망을 중하게 여기지 않는다. 피를 보는 것을 두려워하지 않고, 독립성이 있으며, 행동으로 일을 빠르게 해결하려고 하는 심리를 뜻한다.

또한 정관은 공적인 법률, 사려 깊음 등이며, 겁재는 정관에 대항하는 심리이다. 따라서 겁재는 사회 공공의 규제나 제도, 관례, 관습 등을 중시하지 않으며, 일의 정황을 마음에 담아 두지 않고 내면적으로 억압을 받지도 않는다. 사납고 용맹스러우며, 경솔하고 무모할 뿐 아니라 공격성이 있다.

만약 일간이 육체아가 될 때 겁재가 가지는 뜻은, 육체적 자아를 도우면서 자아와의 관계가 양호한 것이어서, 이에 해당하는 우주 간의 사람 및 사물의 예는 다음과 같다.

　형제, 친구, 건강기구, 의지(義肢), 골격, 근육 등.

　3) 식신(食神)

　일간이 정신주체아가 될 때 식신이 가지는 뜻은, 내가 생해 주면서 밀쳐 내는 관계인데, 이에 해당하는 심리 상태는 다음과 같다.
　표현은 하지만 자신의 표현을 염두에 두지 않으며, 참여하지만 서열에 신경을 쓰지 않는다. 표현은 하지만 자기를 내세우거나 주제넘게 나서지 않는다. 주면서도 준 것에 대해 염두에 두지 않는다. 자애로운 마음이 있으며, 집착하지는 않지만, 정신과 역량을 집중적으로 투입하는 힘이 있다. 이용하겠다는 계략이 전혀 없이 (주로 윗사람이 아랫사람을) 배려하고 보살피거나 작은 동물을 보살피는 마음이다. 늘 유유자적할 수 있는 마음이며 또한 물질과 자아 또는 객관과 주관 모두를 잊을 수 있는(무시할 수 있는) 마음이다.
　식신은 칠살을 극하는데, 칠살이 거칠고 급함(화냄), 전제(專制), 의지, 가혹함(냉혹함)이므로, 식신은 독재를 싫어하고 가혹함을 싫어하며 유유자적하고 강박관념을 가지고 어떤 일을 추진하는 것을 싫어한다. 마찬가지로 식신은 의식의 흐름을 넓히며, 언어 능력이 유창하고, 매우 훌륭한 감상 능력과 예술 표현 능력이 있다.

　만약 일간이 육체아가 될 때 식신이 가지는 뜻은, 육체아가 생을 하지만 생함을 받는 대상과 육체아와의 관계는 친밀하지 않은데, 이에 해당하는 우주 간의 사람 및 사물의 예는 다음과 같다.

여성의 입장에서의 딸, 말하기, 운동, 여행, 저작, 무용 등(이상의 몇 가지 항목은 비록 상관과 유사하나, 다른 점은 상관은 집착, 변화, 생동, 호기심, 유행의 색채를 가지지만, 식신은 유창하지만 담백하고 순수하며 진실한 특성을 가진다), 사회봉사, 명성, 후배 등.

4) 상관(傷官)

일간이 정신주체아가 될 때 상관이 가지는 뜻은, 내가 생해 주면서 서로 끌어당기는 관계가 되므로, 이에 해당하는 심리 상태는 다음과 같다.

나의 기운을 외부로 흘려보내면서 흘려보낸 기운에 대하여 집착하는 심리, 즉 표현하면서 자신의 표현에 집착하는 마음, 성취감, 주제넘게 나서서 자기를 과시함, 명성을 좋아하는 마음(이름은 자신을 나타낼 수 있는 것 중에서 대표적이다), 말이나 글로 자신의 생각과 주장을 고수하는 마음, 타인이 자신을 인정하고 칭찬하는 것을 중시하는 마음, 자기를 위해 지출하는 것을 중시하는 마음, 베풀면서도 타인이 감격하기를 바라는 마음 등이다.

그리고 상관은 정관을 극하므로(밀쳐 내면서 극한다), 정관에 반대되는 것은 모두가 상관에 해당한다. 예를 들면 창의력, 도리와 규칙에 반(反)하는 것, 신선함, 규정을 준수하지 않는 것, 구속을 싫어하는 것, 승부욕이 강한 것, 잘난 체하는 것, 반역자, 생동감, 변화무쌍함, 의식의 흐름이 한곳에 고정되지 않고 변화가 많은 것, 과장함, 주관적 등이다.

이상에서 서술한 양자를 종합하면, 또 다른 몇몇 상관 특성을 얻어 낼 수 있다. 즉 인간사의 변화에 관심을 기울이는 것, 재미나 흥미에 관심을 기울이는 것, 변화, 과장된 환상, 즉 자신이 세계의 위인인 환상을 갖거나 어떤 이성이 자신 앞에 무릎을 꿇고 사랑을 고백하는 몽상을 하는 것, 사람 간의 승부에 관심 등이다.

만약 일간이 육체아가 될 때 상관이 가지는 뜻은, 육체적 자아가 생을 해 주면서 관계가 양호한 것이 되는데, 이에 해당하는 우주 간의 사람 및 사물의 예는 다음과 같다.
여성의 입장에서의 아들에 해당, 언변, 운동, 여행, 저작, 무용, 할머니, 명성, 배설(排泄), 후배 등.

5) 편재(偏財)

일간이 정신주체아가 될 때 이에 대응하는 편재는, 내가 극을 하면서 밀쳐 내는 관계인데, 이에 해당하는 심리 형태는 다음과 같다.
내가 통제할 수 있는 모든 구체적인 물건과 사건을 통제하면서도 그것들에 대해 집착하지 않는 마음(예를 들어 편집, 문서 정리, 회화, 조각, 물건 수리 등), 신체적 활동을 하면서도 신체의 안정과 편안함을 오히려 배척하는 마음(예를 들면 무술 연마, 체조 연습 등), 비록 재물을 관리하나 재물을 중시하지 않는 마음, 머릿속에 있는 입체 도안을 반전(反轉)시켜 그것의 전개도나 측면도를 꿰뚫어 볼 수 있는 능력, 즉 공간 관계 인식 능력이 양호하며, 감각기관의 작용이 없이 마음속에 떠오르는 이상이나 느낌 또는 마음속에서 우러나오는 소리를 제자리에 안치하고 배열할 수 있는 능력 등.

만약 일간이 육체아가 될 때 그에 대응하는 편재는, 나의 육신을 통제하고 제한하지만, 나의 육신과는 친밀하지 않은 것과 관계되는데, 이에 해당하는 우주 간의 사람 및 사물은 다음과 같다.

별로 중시하지 않는 일상적인 가사 도구, 가깝게 지내지 않는 아내, 우연히 얻게 되는 금전(내 것은 아니지만 이용은 할 수 있는), 자신의 재산(단, 중시하지 않는다).

고서에는 부친을 편재로 보고 있는데, 이는 도리에 합당한 관점이다. 왜냐하면 나의 출생이 부친의 육체적 이익을 충분히 제한시킬 수 있기 때문이다. 즉 내가 그를 극하는 관계가 되므로 부친을 편재로 볼 수 있는 것이다.

6) 정재(正財)

일간이 정신주체아가 될 때 이에 대응하는 정재는, 내가 극을 하면서 서로 끌어당기는 관계이다. 육체는 정신주체아가 가장 구체적으로 통제하는 것이기 때문에, 아래에 열거하는 모두는 정재의 심리이다.

육체의 감각기관이 안정되고 편안함을 추구, 음식을 중시, 성욕의 만족을 중시, 구체적 통제가 가능한 사물에 대한 집착(예를 들어 재물에 대한 집착), 현실 중시, 실용적 이익 추구, 모든 지식이 감각기관을 감지하고 관찰하는 데 집중됨, 신비하거나 불가사의한 현상을 믿지 않음, 신화나 종교를 믿지 않음 등.

만약 일간이 육체아가 될 때 이에 대응하는 정재는, 나의 육신을 통제, 제한하면서 나의 육신과 친밀한 관계가 되는 것을 말하는데, 우주만상 중에 다음과 같은 사람 및 사물들이 해당한다.
재물, 부동산, 가구, 모든 소유하고 사용하는 물품, 먹을 수 있는 것, 아내 등.

7) 칠살(七殺) 또는 편관(偏官)

일간이 정신주체아로서 칠살을 만나면, 내가 극을 받으면서 밀쳐내는 관계가 되어 심리적으로 다음과 같은 특성을 가지게 된다.
마음속에 명령을 담아 두면서도 오히려 그 명령을 거부함, 구속받지 않는(풀어놓은) 야생마가 연상되지만 방종하지 않음, 어려운 일, 불온한 세력이 나를 억압하지만 굴복하지 않음, 온전치 못한 대중적 관념을 존경하고 탄복함, 권위, 패기(기개, 진취성), 의지력, 기백, 의심, 패배에 대한 불복, 전제(專制), 기민함, 난폭함, 굳센 힘, 의기(義氣), 법칙과 규칙 등의 변화추이, 자아 억제, 한(恨), 자제력, 절제, 규율, 매서움, 근면, 굳은 인내, 자아 좌절, 의리 등.
여성과 친밀하지 않은 남편, 여성의 정부(情夫) 및 남성의 친밀하지 않은 자식 모두 편관(칠살)이 된다.

만약 일간이 육체아가 될 때 칠살이 가지는 뜻은, 우주 만상 중에서 자아의 육체를 손상, 제한하면서도 서로 배척하는 것인데, 예를 들면 다음과 같은 사람과 사물이 된다.
소인배, 급성병, 원수 같은 사람, 위험 기물(器物), 위험한 동물, 엄한 상사, 교사, 선배, 재난 위험, 아들(남자일 경우)에 해당한다.

8) 정관(正官)

일간이 정신주체아로서 정관을 만나면 내가 극을 받으면서 서로 끌어당기는 관계가 되어 심리적으로 다음과 같은 특성을 가지게 된다.
순종, 법규 준수, 자아 강박, 관습, 관례, 관행 등을 준수, 과거의 경험 존중, 합리적(원리 원칙적) 사고, 구속, 부화뇌동, 근심과 염려, 반성, 중상모략을 당하는 것, 책임감, 충성심, 객관성, 이성적, 어떤 일의 반복함, 열등감, 융통성이 없는 것, 양심적, 사회적 공론을 중시, 단체 결정 존중, 대중을 따름, 두려움 등.

만약 일간이 육체아로서 정관을 만나면, 육체적 자아를 박해하거나 제한하면서 육체적 자아와의 관계가 밀접한 것을 의미하는데, 예를 들면 다음과 같은 사상(事象)들이다.
만성병, 자신과의 관계가 밀접하지만, 자신에게 불리한 일이나 기물, 사람들의 불량한 기호(嗜好), 자신 위에 군림하는 상사, 법률, 교사, 자기에게 예의를 가르치는 부모, 가정적 책임, 학력, 관청의 관리(官吏), 직업(일, 노동, 작업 등), 여성의 남편(남자는 바깥일을 하고 여자는 가사를 돌봄. 그리고 남자가 벌어들인 재물은 여자를 공양할 수 있으므로, 여성의 육체아의 이익은 남편의 수중에서 조절됨), 남성의 딸(자녀의 출생으로 인해 남성들은 가정적 부담이 커지게 되며, 육체적으로도 많은 제한을 받게 됨).

9) 편인(偏印)

일간이 정신주체아가 될 때 편인이 가지는 뜻은, 나를 생하고 성장시켜 주지만 나와는 밀쳐 내는 관계인데, 예를 들면 다음과 같은 심리상태들이다.

생동감이 없으면서 생동감이 없는 것을 불만스럽게 생각함, 분수를 지키고 만족할 줄 알면서도 강한 욕망을 함께 가짐, 폐쇄적이지만 표현하고 싶은 욕구를 가짐, 마음이 담백하면서도(공명에 무심함) 명성을 기대함, 관념을 결합하여 단순화하는 것을 좋아하면서도 오히려 번잡한 사례를 생각함, 고독함, 타인이 자신을 침범하는 것을 원치 않으면서 동시에 자신이 타인을 침범하는 것도 원치 않음, 타인에 대해 관심 있는 것을 원치 않으며 동시에 타인이 자신에 대해 관심 있는 것도 원치 않음, 비록 타인의 의사에 대해 반박하지 않지만 쉽게 접수하지도 않음, 종교심은 있지만 늘 사소한 망상에 사로잡힘, 보기엔 수양이 된 것 같으나 인정에 통달하지 못하는 심리 상태 등이다.

또한 편인은 식신을 극하므로 편인이 있는 사람은 동정심이 부족하고, 유유자적하지 못하며, 말하길 좋아하지 않는다.

만약 일간이 육체아가 될 때 편인이 가지는 뜻은, 육체아를 생 하지만 나와의 관계는 친밀하지 못한 관계가 되므로, 이에 해당하는 우주 간의 사람 및 사물의 예는 다음과 같다.

계모, 나와의 관계가 친밀하지 못한 윗사람이나 어머니뻘에 해당하는 사람, 나에게 도움이 되는 음식물이긴 하나 좋아하지 않는 음식물들(예를 들어 복용하는 약, 다량의 영양분이 함유된 음식이지만 몸에 부적합한 음식물), 집, 교사 등.

10) 정인(正印)

만약 일간이 정신주체아가 될 때 정인이 가지는 뜻은, 나를 생하고 성장시켜 주면서 나와의 관계가 양호한 대상이 되는데, 나를 성장시켜 줄 수 있는 것에 맞는 심리 상태는 비교적 추상적이라 일반인들이 쉽게 이해하지 못한다. 따라서 상관 심리와 대비하여 설명하고자 한다.

정인은 상관을 극하므로 정인은 번잡한 것을 간소화할 수 있으며, 일반화하는 것을 좋아하며, 사물의 공동관계를 추구하며, 만사를 차별 없이 바라보며, 정밀성과 세분화하는 힘이 부족하며, 유창함이 부족하며, 명성을 담백하게 바라보며, 속에 품은 마음을 겉으로 표현하지 않으며,

안정을 좋아하고, 보수적이며, 정서력이 부족하며, 감촉이 둔하며, 분수를 지키며 만족할 줄 알며, 생동감이 없으며, 너그럽고 듬직하며, 뚜렷한 의견이 없으며, 수양(修養)이 되어 있고, 자애롭고 공손하다.
  이상의 심리 상태를 혼합하면, 관용, 인내, 천도(天道)에 대한 믿음, 종교심 등의 심리를 얻어 낼 수 있다.

  만약 일간이 육체아가 될 때, 정인이 가지는 뜻은 육체아를 낳으면서 나와의 관계가 양호한데, 이에 해당하는 우주 간의 사람 및 사물의 예는 다음과 같다.
  어머니, 소화 중인 음식물, 마시는 공기, 자신을 깨우쳐 주는 윗사람, 사는 집과 방(집과 방은 비록 나를 직접 생하지는 못하지만, 육신의 안전을 보호할 수 있으므로 생의 의미가 있다), 나의 학식이 향상하도록 돕는 선생 등.

(2) 진춘익(陳椿益) 선생의 견해(『八字命理新解』 중에서)[11]

1) 비견(比肩)

  독립성, 주체(主體), 자주성, 자존심, 주동적(主動的), 함께 누림, 공유함, 굳세지만 무모하지 않음, 생각하면 곧바로 행동함, 자기 의견을 견지(堅持)함, 용맹함, 독단적으로 행동하나 무모하지는 않음, 격렬함, 움직임, 비교, 일을 처리하지만 비교적 느림, 어떤 일이 일어나도 두려워하지 않으나 사납지도 않음, 침범당하지 않음, 자발적(능동적, 적극적), 굳건히 섬, 욕망을 중시하지 않음, 탐욕스럽지 않음, 친구를 중시함, 집착하지 않음, 도량이 넓음, 사색하지 않음, 명령에 상관하지 않음, 비관적이지 않음, 허풍을 떪, 재물을 중시하지 않음, 친구를 대신하여 일을 처리함, 비굴하지 않음.

2) 겁재(劫財)

독립성, 주체(主體), 주동적, 함께 누림, 공유함, 경솔함, 생각하면 곧바로 행동함, 비교, 유혈을 두려워하지 않음, 격분함, 움직임, 독단적으로 행동하나 다급함, 친구와 함께 재물을 나누고 소비함, 경쟁심, 질투심, 물건을 다룸, 물건을 파괴함, 공격적, 용맹스러움, 충동적, 섬세하게 생각하지 않음, 지난 일을 마음에 담아 두지 않음, 재물을 중시하지 않음, 욕망을 중시하지 않음, 법규를 중시하지 않음, 행동으로 사무를 처리함, 검소하지 않음, 탐욕스럽지 않음, 집착하지 않음, 도량이 넓음, 친구를 대신하여 일을 처리함, 사려 깊지 않음.

3) 식신(食神)

담백함, 솔직함, 상상력이 뛰어남, 주동, 궁리, 호기심, 노래, 운동, 유유자적함, 언담(언사, 말), 목적 없는 지출, 동정(同情), 전파(傳播), 자기 홍보, 자주(自主), 변론을 좋아함, 정직함, 변화를 좋아함, 교류,

반응, 유동적, 반복, 표현력, 다양성, 패배에 불복함, 표현하기 좋아함, 관찰과 분석을 하지만 세심하지 않음, 새로운 것을 창조함(창조성), 창의성, 독창적, 유행을 좇고 싶으나 장식한 것이 어울리지 않음, 이기적임, 이기는 것을 좋아함, 두려움 없이 무슨 일이든 시도함, 마음에 드는 일에 열성적임, 낭만적, 안정적이지 않음, 복잡화, 계획, 자기과시, 자부심, 자신감, 의견을 냄, 사교성, 소탈함, 말이 많음.

4) 상관(傷官)

스스로 주장함, 나의 주장이 수용되어야 함, 스스로 홍보함, 체면을 차림, 언사가 날카로움(예리함), 자주적, 자존심이 있음, 변론을 좋아함, 이기는 것을 좋아함, 명성을 좋아함, 창조적, 민감함, 호기심, 총명, 관찰, 분석, 상상, 반응, 변화성, 다양성, 자신감, 자기과시, 은혜를 베푸는 것을 좋아하고 그것을 자랑함, 자만, 노래, 운동, 유행, 유포(전파), 아첨, 교류(소통), 계획, 나서서 공격함(장악함), 복잡화, 변덕이 있음, 의심, 영민함, 원만함, 이해력이 우수함, 쓸데없는 일에 참견함, 교제에 능숙함(사교적), 표현하기 좋아함, 투쟁, 의견이 있음, 말이 많음.

5) 편재(偏財)

사물을 지배하고 조작하며 통제, 이용하지만 그것을 장악하거나 소유하려고 하지 않음, 집착하지 않음, 현실감이 없음(현실적이지 않음), 움직이기 좋아함, 개의치 않음, 절약하지 않음, 설계, 금전을 중요시하지 않음, 결과에 대한 집착이 강함, 입체감이 있음, 시원스러움, 기능을 연구함, 참을성이 없음, 부딪힘, 거침없음(대범함), 기량이 큼, 수단을 부림, 구체화, 적극적, 동작이 빠름, 인색하지 않음, 이익을 중시하지 않음, 탐욕스럽지 않음, 놓을 수 있음, 활동력(행동력)을 가짐, 관리하는 능력이 뛰어남, 서두르는 마음이 강함, 미래를 중시함, 의지하지 않음, 주동적임, 진중하지 않음, 참을성이 없음, 조작하지만 몸소 하지는 않음, 안정적이지 못함, 쉽게 만족함, 현실(실제)을 중시함, 빠른 것을 추구함.

6) 정재(正財)

조작, 지배, 집착, 신경 씀, 꼼꼼하고 치밀함, 현실감, 욕망, 자기중심적, 기술 연구, 설계, 인색함, 이익을 중시함, 근검, 절약, 점유, 탐욕스러움, 소탐대실, 미래를 중시함, 장악, 제어, 이용, 보유, 저축, 먹는 것에 집착함, 자기 보호, 자기만 돌봄, 쉽게 만족하지 않음, 손해를 두려워함, 중후(진중)하지 않음, 주동적, 보수적이지 않음, 적극적, 의지하지 않음, 구체화, 종교나 신비함을 믿지 않음, 시원스럽지 않고 많은 계산이 따름, 평온하지 않음.

7) 칠살(七殺) 또는 편관(偏官)

자책, 열등감, 헐뜯음을 당함, 손해를 입음, 억압을 당함, 괴롭힘을 당함, 꽁하게 생각함, 상해를 입음, 스스로 해함(자해), 패배에 불복함, 긴장, 나에게 엄격함, 압력이 있음, 성가심을 당함, 의외의 사고를 당함,

걱정하고 두려워함(공포심), 우롱당함, 명령받음, 강요(강제)당함, 원한을 품음, 신임받지 못함, 위험을 느낌, 주눅 들음, 보수적임, 좌절당함, 순종, 충성심, 요구당함, 양심 가책, 고지식하고 딱딱함, 부담이 있음, 이성이 있음, 관습을 지킴, 가업을 이어 감, 생각을 넓게 가지지 못함, 자기 강박, 여론을 중시함, 대중의 의견을 따름, 성망(聲望, 평판) 중시, 부지런함, 자신의 주장이 없음, 법을 지킴, 법률에 부합함.

8) 정관(正官)

순종, 충심, 준법, 관습을 지킴, 근심, 이성적, 객관적, 대중에 따름, 구속, 융통성 없음, 신용을 지킴, 관리를 받음, 두려움, 기강을 중시함, 책임감 있음, 자기 강박, 법제를 존중함, 성실함, 걱정함, 양심적임, 충성심, 일(노동), 평판(명성)을 중시함, 보수적, 여론 중시, 예의범절 중시, 학력 중시, 신중함. 복종함, 지휘를 받음, 반칙을 싫어함, 합법, 승벽(勝癖)이 강하지 않음, 가업 계승, 말을 잘 들음(청취), 자신을 낮춤(자부심 없음), 복종함, 질서 정연함, 법률에 부합함, 지위 중시, 부담이 있음, 부지런함.

9) 편인(偏印)

원하지 않는 것을 수락, 고상함, 생각을 표현하지 않음, 일반화하는 것을 좋아함, 내향적, 피동적, 활발하지 않음, 느림, 고독, 괴팍함,

신비, 신앙심(종교심), 말이 적음, 의욕이 적음, 정교하지 않음, 독거(獨居), 의심, 분화력(分化力 : 사회적 사실이 단순, 동질적인 것으로부터 복잡, 이질적인 것으로 分岐하고 발전하는 일) 부족, 새롭고 기이한 것을 싫어함, 세속을 좇지 않음, 안정적(安定的), 복잡한 것을 좋아하지 않음, 보수적, 냉담하게 전혀 관심이 없음, 안정(安靜, 고요, 평온, 평안, 침착 등), 감각이 없음, 간소화(간략화), 상법(常法)을 고수함, 외적인 발전이 없음, 완만함, 부주의함, 받아들이면서 불신함, 냉담함, 선정(禪定)함, 고립, 욕망이 적음, 무리를 떠나 홀로 지냄, 현묘(玄妙)한 안목, 깊은 통찰력, 추상화(抽象化).

10) 정인(正印)

자상(인자, 자애), 안정(安靜), 순수, 관대, 내성적, 폐쇄적, 비교적 피동적, 활발하지 않음, 듬직함, 일반화, 간소화, 유창하지 않음, 쉽게 만족함, 수양(교양), 교육을 받음, 종교심(신앙심), 보호받음, 의타심, 밖으로 발전하지 않음, 분열이 적음, 보수적, 완만함(행동이 느릿느릿함, 활발하지 않음), 말이 적음, 나태함, 욕망이 적음, 긍정적, 수락, 겸손, 신임, 관용, 포용, 분수를 지킴, 어른을 존중함, 전통, 유순함, 인내심, 침착하고 중후함, 안정(安定), 온순하고 선량함, 현묘한 식견, 직관력, 추상화, 가정을 중시함, 돈후(敦厚)함(인정이 두터움), 평온함.

제2절 동양철학(명리학)과 서양 심리학의 만남

1. 들어가기

　동양철학의 우주관을 살펴보면, 천지창조의 본체이며 불편부당(不偏不黨)한 중화(中和)의 본체인 무극(無極)이 태극(太極)을 이루어 놓으면서 우주의 변화가 시작되었다고 본다. 무극이 태극을 이루어 놓으면 그 속에 내포되었던 양은, 표면을 포위하였던 음을 밀어내어 영역을 확장하면서 양의 주도하에 들어가게 되고, 그때 온갖 **모순과 대립**이 나타나서 이 세계는 선악과 희비의 결전장이 된다는 것이다. 그러나 세계는 이 때문에 발전하는 것이므로 이 과정에서 인물이 생장하고 **인식이 성립**되며 또한 **이성을 창조**하는 중대한 기반을 이루는 것이라고 하였다.[12]

　또한 공자는 주역의 계사전에서 일음일양지위도(一陰一陽之謂道)라 하여, 우주에서 삼라만상이 무궁한 변화를 일으키는 것은, 陰과 陽이라는 이질적인 두 기운이 지닌 바의 작용으로 인하여 **모순과 대립**이 나타남으로써 일어나는 현상으로 보았다.

　특히 반자단 선생은 태극이 양의(兩儀), 즉 음양을 생하면서 무의식에서 의식으로 전환되는 과정으로 보고, 융의 내향과 외향이 음과 양에 대응한다고 주장하였다. 태극은 음양으로 완전하게 분화되기 전의 혼돈(chaos) 상태이지만, 태극이 음양으로 완전하게 분화되는 우주 변화 과정에서 인식(의식)이 성립되었다는 주장으로 미루어, 반자단 선생이 태극을 무의식에 대응하는 것 또한 합리적인 주장이다.

이러한 일련의 이론과 주장을 살펴보면, 창세기에 나오는 선악과가 연상된다. 하느님이 따 먹지 말라고 명령한 선악과를 아담과 이브가 따 먹고 에덴동산에서 추방되면서 수치심과 선악을 구별하는 인식이 시작된 것과 맞닿아 있는 느낌이 든다.

한편 융의 이론에서 가장 유명한 개념은 바로 '집단 무의식(集團 無意識)'과 '원형(原型)'이다. 융은 원형을 집단 무의식의 내용으로 보고 고대의, 또는 원초적 유형, 즉 고대로부터 존재해 온 보편적인 이미지(象)라고 규정하였다.

동양철학에서 無를 象이라고 하고 有를 形이라고 하는데, 象(우주 창조 初의 象)이 바로 우주의 본체라고 하였다. 본 저자는 象인 무극(無極)이 천지창조의 본체로 원형에 맞닿아 있으며, 무의식의 깊은 곳에 잠재한 '집단 무의식'과 서로 연결되어 있다고 짐작해 본다. 반면에 의식과 무의식의 경계에 있는 '개인 무의식'은, 음양이 혼재해 있으며 음양이 분화되기 전인 태극에 연결되어 있다고 또한 짐작해 본다.

잘 알려진 바와 같이 주역에 심취하고 정통했던 융이 무의식 안의 내용을 의식화하는 방법으로 주역을 주목하였다는 사실이다. 주역의 팔괘에 기초하여 인간의 성격을 분류하고 유형화함으로써 심리학적 유형론뿐만 아니라 자신의 심리학 체계를 강화했다고 전해진다. 나아가 팔괘가 융의 여덟 가지 성격유형에 대응할 뿐 아니라, 주역 팔괘의 괘상(卦象)이 각 성격유형의 특징과 연관되어 있지 않을까 하는 짐작을 해 본다.

결론적으로 동양철학과 서양 심리학의 만남을 극적으로 보여 주는 상징물이 '칼 융 주역연구소'이고, 융의 심리학적 유형론과 이를 근거로 연구, 개발된 MBTI는 서로 깊은 연관관계가 있다고 할 때, 이것이야말로 동양철학을 토대로 서양 심리학과 접목한 동도서기(東道西器)의 전형적인 예라 할 수 있다.

다음에 『사주로 MBTI 엿보기』의 핵심적인 기초가 되는 두 명리학자의 사주 심리 이론을 비교적 상세히 소개하고자 한다.

2. 팔격론(八格論) ▶ 정성적 접목

『반자단(潘子端)/필명(筆名) 수요화제관주(水繞花堤館主), '명학신의(命學新義)' 중에서』

융은 앞에서 살펴보았듯이, 심리학적 유형론에서 태도 지표인 외향성과 내향성, 그리고 정신기능인 감각, 직관, 사고, 감정 등 네 가지 지표에 대해 상세히 설명하였고, 이들을 조합한 **여덟 가지의 성격유**

형에 대해서도 상세히 밝힌 바가 있다.

한편 대만의 명리학자인 반자단 선생이 저술한 『명학신의』를 읽어 보면, 선생이 얼마나 자평명리학의 정수에 통달하였나를 느낄 수 있고 또한 책의 내용이 대단히 논리적이고 문체가 간결하다는 점에 새삼 감탄하게 된다. 특히 책에 기술한 '**팔격론**'은 융이 이루어 놓은 심리학적 유형론을 바탕으로, 한 사람의 명리학자가 혜안을 갖고 연결해서 풀어낸 노력과 공로는 더욱 빛이 난다고 할 것이다.

본 저자가 자평명리학과 특히 낭월 박주현 선생의 사주 심리학을 기초로 주변 사람들의 사주로 심리 분석을 종종 하고 있다. 그러한 중에 본 저자가 MBTI를 접하면서, MBTI나 사주 심리학 모두 융의 심리학적 유형론을 근거로 하고 있다는 사실을 알게 되었고, 그 이후로 MBTI와 사주 심리학을 연결하는 것에 큰 흥미와 관심을 가지게 되었다. 본 저자가 본격적으로 이 작업에 뛰어들게 된 자신감의 원천은 다음에 소개할 반자단 선생의 '팔격론'이다.[13][14]

사주 주인공의 성격을 알고 싶으면 반드시 팔격을 이해해야 한다. 팔격은 월령(月令,月支)에서 정해진다. 팔격이라고 함은 정재격, 편재격, 정인격, 편인격, 정관격, 칠살격, 상관격 및 식신격을 말한다. 옛사람들이 격(格)을 정해 놓은 뜻은, 성격으로 인생의 성패(成敗)를 살펴보기 위해서다. 이는 제2차 세계 대전 후에 일어난 분석심리학(分析心理學)과 똑같다. 분석심리학에서 분류한 인간 심리의 정형화된 심리유형은 네 가지인데, 네 가지를 다시 내향적인 성질과 외향적인 성질에 따라 나누면 여덟 가지가 된다. 이에 아래 표와 같이 배열하여 대조해 보기로 하겠다.

分析心理學	사상파(思想派)		감각파(感覺派)		직각파(直覺派)		지각파(知覺派)	
	外向	內向	外向	內向	外向	內向	外向	內向
命理學	관살(官殺)		식상(食傷)		인성(印星)		재성(財星)	
	正官	七殺	傷官	食神	正印	偏印	正財	偏財

생각건대 『자평진전(子平眞詮)』이라는 책에서는 격을 정하여 용신(用神)을 얻는데, 그 뜻이 매우 정밀하다. 격으로부터 용신을 얻고 그 용신의 기세가 유통되고 있는지 아니면 막혀서 장애가 되고 있는지를 살펴 사람들의 길흉화복을 점치는데, 이 경우에 성격이 그 출발점이 된다. 성격은 확실히 평생 사업의 성패에 영향을 미친다. 학문과 경험은 오히려 그다음으로 영향을 미친다. 세상의 큰 사업은, 그 사업을 맡아서 처리하는 사람의 성격이 몹시 나빠 실패하는 경우가 많은데, 어떤 일이든지 모두 다 그러하다. 학식이 풍부한 선비(지식인)가 성격이 괴팍하여 굶주려 얼어 죽는 경우가 더 흔히 볼 수 있는 일이다. 옛사람이 말하기를 "덕(德)을 닦고 학문을 익힌다" 했고, 또한 "독서를 하여 본성을 배양한다" 했는데, 덕과 본성은 모두 성격의 대명사이다. 이로써 성격의 중요성은 족히 알 만하다. 학문과 경험은 남녀가 필요로 하는 정도가 같지 않지만, 성격은 그렇지 않다.

옛사람들이 혼인할 자리를 고를 적에는 여자가 지켜야 할 올바른 도리를 무엇보다도 먼저 요구했듯이, 요즈음 사람들이 혼인할 자리를 고를 적에도 여자의 성격을 제일의 표준으로 삼는다. 학문, 용모, 가문, 재산 등을 따지는 것은 다음이다. 심효첨(沈孝瞻) 선생이 제기한 "격을 정하여 용신을 얻는다"라는 학설은 실로 지극한 이치를 간직하고 있지만, 애석하게도 그렇게 되는 연유를 설명하지 못했다.

정신분석학은 프로이트에 의해 창시되었다. 프로이트(Sigmund Freud)는 오스트리아의 유명한 교수로서 여러 해에 걸쳐 정신병리학을 연구하여 매우 많은 저작을 발표하였다. 그의 주요 관념은 성욕(性慾)이 모든 욕망의 근본이 되는 욕망이라는 것인데, 이는 성욕을 없앨 수만 있다면 진여(眞如, 사물의 있는 그대로의 모습)로 돌아갈 수 있다는 불교의 사상과 똑같다. 그리고 그의 학설도 범색욕설(凡色慾說)로 불린다. 나중에 아들러(Alfred Adler)가 프로이트의 뜻에 반하여 모든 욕망은 결코 색욕에서 기인하지 않고 권력에 대한 의지에서 생긴다고 말했다. 권력을 잡기 위한 투쟁은 부자지간에도 존재할 수 있다. 명리학적으로 말하자면, 프로이트나 아들러가 말한 것은 모두 관살(官殺)을 모든 욕망의 근본이 되는 욕망으로 삼는다는 것이다. 왜냐하면 정관은 색욕의 근본이고 칠살은 권력에 대한 의지의 표상(表象)이기 때문이다. 사주를 감정할 때 먼저 관살의 동태를 보듯이, 실로 인류의 근본 욕망에서 시작하여 결국에는 여러 가지 견해가 생기게 된다.

아들러 이후에는 융(Carl Gustav Jung)이 등장했는데, **융의 최대**

공헌은 모두 세 가지가 있다. 첫째는 집합적 무의식(集合的 無意識 또는 集團 無意識)이고, 둘째는 외향, 내향적 성격(外向, 內向的 性格)이며, 셋째는 심리정형(心理定型, 心理類型)이다. 그리하여 융의 학문은 대단히 밝게 빛났는데, 역사적, 민속학적 측면과 신화적 측면에서 꿈속의 여러 가지 신비한 문제들을 모두 해결할 수 있었을 뿐 아니라, 의학적, 범죄학적 측면과 교육학적 측면에서도 지극히 큰 공헌을 했다.

'무의식'이라는 말은 융에서 비롯한 것은 아니며, 융은 단지 집합이라는 두 글자를 첨가하여 무의식의 성질을 나타내 보여 주었을 뿐이다. '무의식(無意識)'이라는 명사는 사실은 '의식(意識)'이라는 명사에서 유래되었다. 우리의 일상 언어와 행동은 의식적이고 알아차릴 수 있다. 알아차릴 수 있는 것 이외에 알아차릴 수 없는 것이 있으니, 이처럼 알아차릴 수 없는 것이 바로 무의식이다. 그러나 비록 알아차릴 수 없는 사물이라고 하더라도 영원히 알아차릴 수 없는 것은 아니다. 이는 마치 짙은 구름이 달을 가리고 있거나 사물이 물 밑바닥에 감추어져 있어서 비록 잠시 보이지 않지만, 결국에는 볼 수 있는 날이 오는 것과 같다. 이러한 무의식 층 속에는, 융의 생각에 따르면, 현재의 사물뿐만 아니라 옛날의 사물도 들어 있다. 왜냐하면 이는 조상의 정신이 유전되어 이루어진 것이기 때문이다. 그러므로 이를 '집합적 무의식'이라고 한다. 생각건대 이러한 학설과 대만의 점(占)의 의미는 똑같다. 사람들은 판단력이 부족하여 점을 치게 되는데, 점은 '무의식' 속에 본래 간직되어 있는 사물의 의미를 얻어 낼 수 있는 한 가지 방법이다(융이 주역 점의 효능을 설명하기 위해 제시한 것이 '동시성(同時性) 원리'이며, 이 원리는 인과법칙으로만 설명할 수 없는 어떤 비인과적인 연결에 관한 것이다). 융은 사람들에게는 각자 그들 나름의 무의식 층이 있는데, 자기 자신은 늘 자기가 수장(收藏)하고 있는 보물을 캐낼 수 없고, 단지 꿈속에서나 다른 사물의 자극을 받아, 우연히 그 보물이 조금 나타날 뿐이라고 했다.

또 융은 인간의 성격은 단지 내향적인 성격과 외향적인 성격의 두 가지 성격뿐이라고 말했다. 사상(思想, 사고), 감각(感覺, 감정), 직각(直覺, 직관)과 지각(知覺)의 네 갈래를 얻을 수 있는데, 또한 각 갈래에 내향(內向)과 외향(外向)이 각각 있다. 그러므로 내향적인 성격과 외향적인 성격을 또다시 각각 네 갈래로 나누면 여덟 가지의 성격이 나올 수 있다. 이것은 대만의 현학(玄學, 도가의 학문)과 똑같은데, **무의식 층은 대만 고유의 태극 사상(太極思想)과 같다. 내향과 외향은 곧 (태극 사상에서 말하는) 음양(陰陽)과 같고, 이를 네 갈래로 나누면 여덟 가지가 되므로 또한 사상팔괘(四象八卦)의 사상과 똑같다.** 그런데 이런 종류의 사상은 대만에 전래된 지 이미 수천 년의 세월이 지났으나, 유럽에는 오히려 최신의 학설이 되고 있으니, 이 점을 자못 주의할 필요가 있다.

명리학에는 재성, 관살, 인성과 식상이 있고, 분석심리학에서는 사상, 감각, 직각과 지각이 있다. 그리고 재성, 관살, 인성과 식상에는 정편(正偏)의 구분이 있고, 사상, 감각, 직각과 지각에는 내향과 외향의 구별이 있다.

(1) 사상파(思想派)

사상파는 이성(理性)을 위주로 한다. 생각건대 사상파에 속하는 사람은 거의 모두 먼저 생각한 다음에 행동하며, 말을 하든 행동을 하든, 한결같이 명백한 견해를 지니고 있다. 그러나 종종 고집을 부리고 다른 사람에게 복종하지 않으려고 할 때도 있다. 그리고 스스로 자기의 생활 방식을 계획할 뿐 아니라 다른 사람들과 경쟁하여 우위를 차지하고 싶어 한다. 만약 외향적이라면 다른 사람들과 합작(合作, 협력)하는 것을 좋아하므로, 행정사무직에 종사하는 인재가 되거나 변호사가 되거나 기술사가 될 가능성이 크다. 만약 내향적이라면 독자적으로 어느 한 분야를 담당하는 것을 좋아하므로, 사업의 성취를 위해 노력하거나 학술계의 권위자가 되거나 예술계의 지도자가 될 가능성이 크다. 내가 육신론(六神論)에서 제기한 관살의 성질은 세 가지인데, 곧 **첫째는 공정하다는 것이고, 둘째는 이타적이라는 것이고, 셋째는 정관은 합작을 중시하고 칠살은 독립과 자존감을 중시한다는 것이다.** 관살격(官殺格)이 올바르게 구성되어 있으면, 틀림없이 청순(淸純)한 사상으로써 사람들의 행동거지를 앞장서서 이끌고 지도하여 많은 사람을 행복하게 해 줄 수 있는데, 이러한 점은 정관과 칠살이 똑같다. 정관과 칠살이 다른 점은, 정관은 합작을 중시하는데 칠살은 독자적으로 어느 한 분야를 담당할 뿐이라는 것이다. 그러므로 **관살격은 곧 분석심리학에서 말하는 사상파와 같다.**

(2) 감각파(感覺派)

감각파는 감정을 위주로 한다. 생각건대 감각파에 속하는 사람들은 이성이 부족하고 감정이 풍부하다. 사상파에 속하는 사람들이 세상을 살아갈 때는 '다른 사람들과 사이가 좋은지 좋지 않은지'를 전제로 삼는데, 감각파에 속하는 사람들이 세상을 살아갈 때는 '자기 자신이 기쁜지 기쁘지 않은지'를 전제로 삼는다. 그러므로 감각파에 속하는 사람들은 대부분 처세(處世)에 능숙하며, 거만하고 꿋꿋하게 굽히지 않고 스스로 만족해하며, 품격이 고결하고 세속을 초월해 있으며, 감정이 자유분방하여 자유분방한 감정을 표출한 시문(詩文)이 되기도 하고 사람들이 탄복하는 걸작이 되기도 한다. 예컨대 문학가인 괴테와 음악가인 바그너 그리고 시인인 휘트먼이 이러한 사람들이다. 대만의 명리 서적을 보면 본래 식상을 뛰어난 재능을 발설하는 성분으로 삼는데, 뛰어난 재능이 발설되면 재주가 드러나고 재주가 드러나면 단지 자기 자신만 알 뿐이고 남을 배려할 줄 모르므로, 결국엔 재주는 뛰어나지만, 남들에게 미움을 받게 된다. 그리고 식상의 구별에 대해 말하자면, 육신론에서 언급했듯이, 이른바 **상관은 합작을 중시하는데 식신은 자존감(自尊感)을 중시한다. 자존감은 내향적이고 침묵을 주관하는데, 합작은 외향적이고 재능의 발휘를 주관한다.** 침묵을 주관하는 식신은 단지 한 가지 기예(技藝)에 정통하기만 하면 거만하게 굴 만하지만, 재능의 발휘를 주관하는 상관은 만약 아는 것이 많지 않으면 세상에 적응하지 못한다. 한 가지 기예에 전념하는 사람은 마음속에 신경

쓰는 다른 일이 없어야만 깊이 연구할 수 있고, 여러 가지 기예를 익히는 사람은 식견(識見)이 얕을 수밖에 없으므로 어지러울 정도로 어수선하다. 이처럼 **식상을 식신과 상관으로 구분하는 것은 감각파를 내향적인 감각파와 외향적인 감각파로 구분하는 것과 같다.** 외향적인 감각파는, 분석심리학에서 여자를 예로 들어 말하기를, "외향적인 감각파에 속하는 여자는 남편감을 고를 때 대부분 신중하지 못하고, 사치와 허영을 중시하고, 옷차림에 신경을 쓰고, 교제에 능숙하고, 기뻐하거나 싫어할 때 시대 조류를 표준으로 삼아서 기뻐하거나 싫어하고, 식견이 깊지 못하고, 겉치레만 번지르르하고, 극히 짧은 시간에 감정이 수없이 변하여 변덕이 심하다"라고 했는데, 이른바 **외향적인 감각파는 곧 명리학에서 말하는 상관과 같다.** 고서에 "여자의 사주에 상관이 있으면 복이 참되지 못하다"라는 말이 있는데, 이 말의 뜻은 곧 위에서 언급한 바와 같다. 한편 식신에 대해 말하자면, 식신은 상관과는 달리 열등(劣等)하지 않다. 분석심리학에서 내향적인 감각파에 속하는 여자에 대해 말하기를, "내향적인 감각파에 속하는 여자는 거만하게 침묵을 지키고, 웃으면서 얘기하는 경우가 별로 없으며 오늘날의 시대 조류에 대해서도 어떠한 의견도 표현하지 않으려고 한다"라고 했는데, 이른바 **내향적인 감각파는 명리학에서 말하는 식신과 같다.**

(3) 직각파(直覺派)

직각파는 물질은 소홀히 하고 정신만을 치우치게 중시한다. 생각건대 직각파에 속하는 사람들은 대부분 신비적(神祕的)이거나 예견적(豫見的)인 마음을 품고 있다. 또 이들에게는 언제나 일종의 마음속의 세상이 있어서, 이따금 다른 사람들의 비밀이나 먼 곳에 있는 사물을 알아맞히거나 세상 물정을 꿰뚫어 볼 수 있고 초월적인 사상을 표출한다. 그러므로 직각파에 속하는 사람 중에는 종교인이나 예언가나 운명가가 많다. 명리 서적을 보면 "승려나 도사의 명조를 보면 인성이 하늘의 덕에 영합(迎合)하고 있다"라는 말이 있는데, 이 말을 통해 볼 때 인성격(印性格)에는 마음속의 세계가 있음을 알 수 있다. **인성을 편인(偏印)과 정인(正印)으로 나누는 것은, 직각파를 내향적인 직각파와 외향적인 직각파로 나누는 것과 같다.** 정인에 해당하는 외향적인 직각파는 사회의 신(新)운동에 참여하는 것을 좋아하며, 장차 사회의 신운동에 깊이 관여하여 성숙해지는 때가 되면 갑자기 신운동에 흥미가 없어지기도 하고 한층 더 진일보된 신운동을 탐구하기도 한다. 그래서 정인격(正印格)인 명조의 주인공들은 대부분 예언자나 선각자와 같은 사람이 되며, 자신의 견해나 사상 따위를 열렬히 주장하여 널리 선전하는 것에는 매우 능하지만 실행 능력은 부족하다. 그러나 정인격에 관살이 있으면 실행 능력도 함께 갖추게 되는데, 관살인상생(官殺印相生)으로 지혜도 있고 실행 능력도 있는 명조의 주인공들은 사회에서 생존을 위해 분투하여 승리를 얻기 쉽다.

한편 편인은 효신(梟神)이라고도 하는데, 분석심리학자들은 편인에 해당하는 내향적인 직각파의 대표적인 인물로 니체를 들고 있다. 니체는 독일의 사상가로 성격과 행동이 괴팍한 호걸이었고 초인(超人)

의 철학을 주장했는데, 군중과 떨어져서 홀로 외롭게 살았고, 군중의 모든 행위와 도덕을 얕보고 업신여겼다. 이런 종류의 사람들은 언제나 이 세상을 쉽게 받아들이지 못하는데, 편인에 식신도 있으면 경쟁적이고 이기적이라서 틀림없이 생존의 방법이 막혀 버리게 된다. 그러므로 명리 서적에서 말하기를 "식신이 편인을 만나면 가난하지 않으면 요절(夭折)한다"라고 했다.

(4) 지각파(知覺派)

지각파는 정신은 소홀히 하고 물질만을 중시한다. 생각건대 지각파에 속하는 사람들은 오감(五感), 즉 성(聲, 소리를 듣는 것), 색(色, 물체를 보는 것), 향(香, 냄새를 맡는 것), 미(味, 맛을 보는 것), 촉(觸, 접촉하는 것)을 중시하고 새로운 자극을 좋아하는데, 이는 모두 명리 서적에서 말하는 재성격(財星格)의 특성이다. 지각파는 일을 처리하는 기호(嗜好)나 남녀 간의 성욕에 대해 공교롭게도 직각파와 양극단을 이루고 있다. 직각파는 세상살이가 흥미가 없다고 보는데, 지각파는 인생이 흥밋거리로 가득 차 있다고 생각한다. 또 직각파는 성욕을 추악한 것으로 생각하는데, 지각파는 성욕을 억제하면 오히려 병을 초래하기 쉽다고 생각한다. 외향적인 지각파에 속하는 사람들은 정상적인 사회생활을 하는 사람으로서 장사를 하는 것이 잘 어울린다. 왜냐하면 외향적인 지각파에 속하는 사람들은 재물을 중요시할 뿐 아니라 인생에 대한 견해도 심각하지 않기 때문이다. 이러한 **외향적인**

지각파는 명리 서적에서 말하는 정재격(正財格)에 부합한다. 한편 내향적인 지각파는 별도로 하나의 마음속의 세계가 있지만, 견해가 심각하지 않을 뿐 아니라 정신을 경시하고 물질을 중시한다는 점에서 직각파와는 다르다. 이러한 **내향적인 지각파는 명리 서적에서 말하는 편재격(偏財格)과 같다.**

이상에서 살펴본 팔격에 대한 해석은 단지 각 격이 지닌 본래의 뜻을 말한 것뿐이다. 격에 따라 용신(用神)을 취한 경우에, 각 성분이 모두 어느 정도의 세력이 있는데, 단지 강약(强弱), 순역(順逆), 다과(多寡)가 같지 않을 뿐이다. 사주를 감정할 때, 만약 각 성분이 지닌 고유의 성격에 따르고 그 기세에 의지하며 그 강약의 소식을 살핀다면, 당연히 잘 맞아떨어지지 않는 경우가 없을 것이다.

반자단 선생은 무의식이 중국철학에서 말하는 태극의 사상이고, 내향과 외향은 음양의 양의(兩儀)가 되며, 이것을 네 가지로 나누면 사상(四象)과 팔괘(八卦)로 구분되는 것과 똑같다 하였다. 이러한 사상은 중국에서 수천 년의 오랜 역사로 전해지는 것을 유럽에서 도리어 최신의 학설로 발표하였다는 점을 부가적으로 언급하였다.

결국 주역에 정통했던 융이 주역의 구조인 팔괘를 바탕으로 여덟 가지 성격유형을 정립하였으며, 이를 근거로 반자단 선생이 팔격과 접목을 시도했다고 볼 수 있다. 따라서 팔괘, 여덟 가지 성격유형, 팔격은 서로 맞닿아 있다고 볼 수 있다.

이상과 같이 반자단 선생은 서양의 심리학자인 융이 연구한 심리학적 유형론을 바탕으로 삼아 동양의 명리학과 접목을 시도함으로써, 사주 심리학이라는 새로운 분야의 지평을 열었다는 점에서 그 공로는 지대하다고 할 것이다.

※ 반자단 선생은 프로이트의 정신분석학과 융의 분석심리학을 혼동하여, 융의 심리 유형론을 명리학과 비교하면서 정신분석학이라고 기술하고 있다. 여기에서는 본 저자가 분석심리학으로 모두 바꾸어 소개하였다.

3. 팔자 분석에 따른 개인의 심리 ▶ 정량적 접목
『하건충(何建忠), '팔자심리추명학(八子心理推命學)' 중에서』

대만의 명리학자인 하건충 선생은 본인이 저술한 『팔자심리추명학』 첫머리에, 본인이 이론적인 발명으로 얻은 부분의 성취가 수요화제관주의 『명학신의』에서 가르침을 받아 깨닫게 된 것이라 하여, 수요화제관주 선생께 공로를 돌리고 깊이 감사하는 마음을 적고 있다. 이처럼 하건충 선생은 융의 이론과 자평명리학의 십성을 연결한 반자단 선생의 혜안을 기초로 하여 사주 심리학을 완성한 분이다.

여기에서는 팔자 본인의 사상이나 관념에 영향을 미치는 심성을 분석하기 위해서는 일간을 포함한 십성의 강도를 정량적으로 계산해야 하는데, 이를 위해 가장 기초가 되는 지지에 저장된 천간의 역량 정도를 소개한다.

또한 하건충 선생이 정립한 정량적으로 강약 용신(用神)을 구하는 방법을 소개하는데, 이것은 팔자 중 십성의 강도를 계산하기 위한 길잡이가 되므로 잘 숙지할 필요가 있다. 하건충 선생은 정량적 방법으로 계산하여 구한 사주의 강약이, 직접 임상을 통해 적용한 결과 95% 이상의 적중률을 보였다고 주장하므로, 신뢰하고 적용할 만하다고 판단한다.

그리고 팔자 본인의 **일간과 다른 십성 간의 친밀성을 분석**하는 방법을 소개하는데, 이것은 외부로 드러나는 **'습관심성(習慣心性)'을 파악**하기 위한 것이다.

마지막으로 **일간과 타 십성의 강도를 계산하여 사상과 관념의 영향을 받는 '영향심성(影響心性)'을 분석**하는 방법을 간략히 소개하였다. 이것은 습관적 심성과 함께 하건충 선생이 고안한 독특한 심리 분석 방법으로, 독자분들이 참고할 수 있도록 사례와 함께 소개하였다. 이러한 방법들은 『사주로 MBTI 엿보기』를 위해 직접 적용되는 것으로 독자분들의 이해와 숙지가 요망된다.[8)9)]

(1) 천간과 지지 간의 작용 관계

1) 천간은 양(陽)에 속하며 동적(動的)이다.

팔자 중 네 개의 천간은 모두 상호작용을 할 수 있는데, 당연히 위치가 서로 인접해 있는 천간은 작용력이 비교적 크며(예 : 일간과 월간),

그 반면 위치가 서로 멀리 떨어진 천간은 작용력이 비교적 작다(예 : 연간과 시간).

2) 지지는 음(陰)에 속하며 정적(靜的)이다.

통상 지지 간의 작용력은 쉽게 생기지 않는다. 단 양 지지가 서로 인접해 있을 경우만 작용력이 나타나고, 양 지지 사이에 하나 또는 둘의 다른 지지가 있을 때는, 설령 작용력이 있다고 하더라도 작용력이 쉽게 사라진다.

그런데 만약 천간과 지지 간의 관계를 논한다면, 그 정황은 어떻게 되는 것일까? 이에 대한 답으로, 두 가지의 관계에 대한 이해가 필요하다.

① 지지 중에는 천간의 '물질'을 저장하고 있는데, 이러한 '물질'들은 천간 각 오행(五行)의 강하고 왕성함에 영향을 준다. 팔자상의 네 개 지지 중에는 '월지(月支)'의 영향력이 가장 크다. 그러므로 만약 월령(月令) 중에 저장된 천간 모두가 모(某) 천간 오행을 도우면, 우리는 이 천간 오행을 '**당령(當令)**'이라 말하고, 만약 저장된 천간들이 모 천간 오행을 전혀 돕지 않으면, 우리는 이 천간 오행을 '**부당령(不當令)**'이라고 말한다. 그러나 만일 모 천간 오행을 30%라도 도울 수 있을 때 우리는 이 천간 오행을 '**30% 당령**'이라고 말한다. 나머지도 이처럼 유추하면 된다.

② 천간과 지지는 본래 서로 별개의 영역에 속하므로 양자 간에는 어떠한 작용성도 없다. 그러나 단 한 가지 예외가 있는데, 그것은 곧 천간과 지지가 결합하여 한 개의 간지주(干支柱)를 형성할 때이다(예 : 甲과 子가 결합하여 甲子 주를 형성). 이때 천간은 양에 속하고 지지는 음에 속하므로 일종의 끌어당기는 힘이 생기는데(干支力), 이러한 끌어당기는 힘은 천간과 지지가 갖는 가치의 증감을 초래하게 되므로 절대 등한시하면 안 된다. 따라서 이러한 모 천간이 앉아 있는 지지에 저장된 천간들이 전적으로 지지 위에 앉아 있는 모 천간을 도우면, 우리는 모 천간을 '**득근(得根)**'이라 하며, 그 반대면 '**부득근(不得根)**'이라고 한다. 그리고 만약 지지에 저장된 천간이 모 천간을 30%만 도울 수 있다면 '**30% 득근**'이라 한다. 나머지도 이처럼 똑같이 유추하면 된다.

이상의 두 가지 답을 통해서 우리는 천간과 지지 간의 관계에 대해 초보적인 이해를 했다.

그러면 일간을 포함한 십성의 강도를 계산하기 위해 필히 알아야 할, 각 지지에 어떤 종류의 천간이 저장되어 있으며 지지에 저장된 각 천간의 비율은 어떠한가에 대해 알아보자.

각 지지에 저장된 천간의 종류에 대해서는 자평명리학 고서에 따라 조금씩 다른데, 여기에서는 하건충 선생이 내용을 부분적으로 수정한 것을 채용하고 있으니 독자분들은 특별히 이 점을 유의하길 바란다. 또한 지지에 저장된 각 천간의 비율은 학리(學理)로부터, 부분적으로는 통계로부터 나온 것이므로, 이 비율들이 반드시 그렇다고 할 수는 없으나 적중률은 상당히 높다고 본다. 게다가 이 비율들은 일간(日干)의 강약을 계산하는데, 늘 활용할 수 있고 그 쓰임새도 매우 많다. 따라서 독자분들은 반드시 수치를 기억해야 한다.

지지 명칭	寅		巳		申		亥	
장간 명칭	甲	丙	丙	庚	庚	壬	壬	甲
장간 비율	0.7	0.3	0.7	0.3	0.7	0.3	0.7	0.3
지지 명칭	卯		午		酉		子	
장간 명칭	乙		丁		辛		癸	
장간 비율	1.0		1.0		1.0		1.0	

지지 명칭	辰			未			戌			丑		
장간 명칭	戊	癸	乙	己	乙	丁	戊	丁	辛	己	辛	癸
장간 비율	0.5	0.2	0.3	0.5	0.2	0.3	0.5	0.2	0.3	0.5	0.2	0.3

위의 도표는 화학원소 주기율표와 비슷하다. 즉 **제1 횡렬**에는 모두 두 개의 천간이 있고 비율은 모두가 **0.7과 0.3**으로 되어 있으며,

제2 횡렬은 모두 한 개의 천간을 포함하고 있고 비율은 모두 1.0으로 되어 있다. 제3 횡렬은 모두 세 개의 천간을 포함하고 있으며 비율은 0.5, 0.2, 0.3로 구성되어 있다.

그리고 종렬을 보면, 제1 종렬은 모두 木 기운을 포함하고 있고, 제2 종렬은 모두 火 기운을, 제3 종렬은 모두 金 기운을, 제4 종렬은 모두 水 기운을 포함하고 있다.

십이지지 중에는 비교적 특수한 두 개의 지지가 있는데 그것은 '巳'와 '辰'이다. 巳 중에는 丙火와 庚金이 포함되어 있으나, 丙火와 庚金은 서로 밀쳐 내는 극의 관계를 형성하므로 巳는 하나의 불안정한 집이 된다. 그리고 辰 중에는 '戊土, 癸水 및 乙木'이 포함되어 있는데 戊土는 癸水를 극하고 乙木은 戊土를 극하지만, 그 극들은 모두 음과 양 간의 극이라 오히려 서로 끌어당기므로 辰 중의 집안은 도리어 화목하다고 본다. 그러나 辰 중의 戊土가 장기적으로 癸水, 乙木과 함께 있게 되면, 그 역량이 점점 줄어들게 된다.

(2) 일간의 강약(强弱) 중화(中和) 용신(用神)을 취하는 법

우리가 한 사람의 팔자를 입수하면 먼저 이 팔자의 일간이 강한지 약한지를 분별해야 한다. 만약 강하다면 일간을 설(洩)하거나 극하는 간지를 찾고, 만일 약하다면 일간을 생하거나 도와주는 간지를 찾아야 하는데, 이렇게 찾아낸 간지가 곧 강약 용신이다.

그런데 팔자 중의 일간이 강한지 약한지를 어떻게 판단할 것인가?

이에 대한 원리는 매우 간단하다. 단지 일간을 돕는 오행의 왕도(旺度)가 어느 정도인지, 그리고 일간의 기운을 빼앗는 정도가 어느 정도인지를 계산만 하면 알 수 있다. 통상 일간을 돕는 오행의 왕도가 일간의 기운을 빼앗는 오행의 왕도보다 크면 일간이 강하다고 하고, 이와 반대이면 일간이 약하다고 한다.

일간을 돕는 오행의 왕도와 일간의 기운을 빼앗는 오행의 왕도를 계산해야 하는데, 고서 중에는 모두 하나의 고정된 추산 법칙이 없으므로, 하건충 선생이 오랫동안의 구상과 실험을 거쳐 정립한 이론을 소개하고자 한다.

1) 먼저 각 천간 옆에 '1'이라 쓰고 그런 다음에 각 지지에 저장된 천간의 왕도 비율을 쓴다(앞에서 보여 준 지지장간표를 참조).

예 1)

癸1	丙1	甲1	癸1
巳	午	寅	酉
(丙, 庚)	(丁)	(甲, 丙)	(辛)
0.7, 0.3	1	0.7, 0.3	1

예 2)

丁1	丁1	庚1	辛1
未	丑	子	卯
(己, 乙, 丁)	(己, 辛, 癸)	(癸)	(乙)
0.5, 0.2, 0.3	0.5, 0.2, 0.3	1	1

2) 각 천간과 지지에 저장된 천간에 해당하는 왕도 비율 수치를 서로 더하고, 이들 값을 천간의 순서대로 적는다(甲乙丙丁…).

예 1)
甲 = 1 + 0.7 = 1.7
乙 = 0
丙 = 1 + 0.7 + 0.3 = 2
丁 = 1
戊 = 0
己 = 0
庚 = 0.3
辛 = 1
壬 = 0
癸 = 1 + 1 = 2

예 2)
甲 = 0
乙 = 1 + 0.2 = 1.2
丙 = 0
丁 = 1 + 1 + 0.3 = 2.3
戊 = 0
己 = 0.5 + 0.5 = 1
庚 = 1
辛 = 1 + 0.2 = 1.2
壬 = 0
癸 = 0.3 + 1 = 1.3

3) 만약 모 천간이 (월령에 대해) n 당령이라면, 각 천간의 왕도를 계산하는 공식은 다음과 같다.

{각 천간의 왕도 × (1 + 0.2 × n)}

> **예 1)** 십간의 왕도

甲(0.7 당령) = 1.7 × (1 + 0.2 × 0.7) = 1.938
乙(0.7 당령) = 0 × (1 + 0.2 × 0.7) = 0
丙(전 당령) = 2 × (1 + 0.2 × 1) = 2.4
丁(전 당령) = 1 × (1 + 0.2 × 1) = 1.2
戊(0.3 당령) = 0 × (1 + 0.2 × 0.3) = 0
己(0.3 당령) = 0 × (1 + 0.2 × 0.3) = 0
庚(부 당령) = 0.3 × (1 + 0.2 × 0) = 0.3
辛(부 당령) = 1 × (1 + 0.2 × 0) = 1
壬(부 당령) = 0 × (1 + 0.2 × 0) = 0
癸(부 당령) = 2 × (1 + 0.2 × 0) = 2

> **예 2)** 십간의 왕도

甲(전 당령) = 0 × (1 + 0.2 × 1) = 0
乙(전 당령) = 1.2 × (1 + 0.2 × 1) = 1.44
丙(부 당령) = 0 × (1 + 0.2 × 0) = 0
丁(부 당령) = 2.3 × (1 + 0.2 × 0) = 2.3
戊(부 당령) = 0 × (1 + 0.2 × 0) = 0
己(부 당령) = 1 × (1 + 0.2 × 0) = 1
庚(부 당령) = 1 × (1 + 0.2 × 0) = 1
辛(부 당령) = 1.2 × (1 + 0.2 × 0) = 1.2
壬(전 당령) = 0 × (1 + 0.2 × 1) = 0
癸(전 당령) = 1.3 × (1 + 0.2 × 1) = 1.56

4) 먼저 일간이 어떤 글자인지 찾은 후, 일간을 돕는 천간(비견, 겁재)과 일간을 생하는 천간(편인, 정인)을 찾는다. 이들 천간의 왕도를 모두 합산하면 일간을 돕거나 생하는 오행 왕도가 되며, 또한 일간을 극(剋),

제(制), 설(洩)하는 천간들의 왕도를 모두 합산하면 일간 기운을 빼앗는 오행의 왕도가 된다. 이 두 가지 왕도의 합산치를 비교하여, 만약 일간을 돕는 오행들의 왕도 합산치가 크면 일간이 강하다고 하고, 일간의 기운을 빼앗는 오행들의 합산치가 크면 일간이 약하다고 한다.

> **예 1)**
>
> 일간은 丙이며 일간을 돕는 천간은 甲, 乙, 丙 및 丁이 되므로, 이를 모두 합산하면, 甲 + 乙 + 丙 + 丁 = 1.938 + 2.4 + 1.2 = **5.538**이 된다. 한편 일간의 기운을 빼앗는 천간은 戊, 己, 庚, 辛, 壬 및 癸가 되므로, 이를 모두 합산하면, 戊 + 己 + 庚 + 辛+ 壬 + 癸 = 0 + 0 + 0.3 + 1 + 0 + 2 = **3.3**이 된다. 따라서 3.3은 5.538보다 작으므로, 본 팔자의 일간은 강하다.

> **예 2)**
>
> 일간은 丁이며 일간을 돕는 천간은 甲, 乙, 丙 및 丁이 되므로, 이를 모두 합산하면, 甲 + 乙 + 丙 + 丁 = 0 + 1.44 + 0 + 2.3 = **3.74**가 된다. 한편 일간의 기운을 빼앗는 천간은 戊, 己, 庚, 辛, 壬 및 癸가 되므로, 이를 모두 합산하면, 戊 + 己 + 庚 + 辛 + 壬 + 癸 = 0 + 1 + 1 + 1.2 + 0 + 1.56 = **4.76**이 된다. 따라서 4.76이 3.74보다 크므로, 본 팔자의 일간은 약하다.

대만의 명리학자인 하건충 선생은 확실치는 않지만, 직업이 수학교사라고 들었는데, 일간의 강약 여부를 결정하기 위해 접근하는 방법을 보면 수리(數理)와 관련이 있을 거라고 충분히 짐작하고도 남음이 있다. 선생의 이러한 수치적 접근이 엔지니어로 살아온 본 저자에게는 선명성의 관점에서 오히려 호기심을 자극한 것도 사실이다.

독자분들은 갑자기 나타난 사칙 연산을 접하고, "사주를 논하다가 골치 아프게 왜, 언제 이런 걸 하고 있지?"라고 생각할 수 있다. 그러나 이러한 연산이 복잡한 수학 문제가 아니므로, 순서대로 차근차근 따라가다 보면 쉽게 이해할 수 있고, 직접 계산할 수 있을 것이라 확신한다. 여기에서 설명한 십성의 강도 계산은, 사주로 풀어 선천적인 MBTI 성격유형을 구하기 위한 핵심 과정이므로 독자분들의 충분한 이해와 숙지가 요망된다.

(3) 팔자(사주)의 분석에 따른 개인의 심리

팔자로 한 사람의 심리 특성을 분석하기 위해서는 다음과 같은 순서와 과정으로 진행하면 된다.

1) 각 지지에 저장된 천간을 기록한다.
2) 일간 대 천간과 지지에 저장된 천간에 대응하여 십성의 명칭을 기록한다.
3) 기록된 십성 중 일간과 친밀한 십성은 어느 것이고 친밀하지 않은 십성은 어느 것인지를 구분한다.
4) 어느 십성이 파괴되고 어느 십성이 강화되는지를 살핀다.
5) 어느 십성의 왕도가 비교적 강하고 어느 십성의 왕도가 비교적 약한지를 살핀다.
6) 위의 3, 4 및 5항을 종합 판단하여 분석된 십성을 왕도순으로 나열하고 각 십성이 갖는 뜻을 대입하면, 바로 한 사람의 기본적인 심리 특성이 된다.

그러면 지금부터 예를 들어 위의 1과 2항의 과정을 진행해 보자.

예 1)

정인	일간	편인	정관
己	庚	戊	丁
卯	子	申	亥
(乙)	(癸)	(庚壬)	(壬甲)
정재	상관	비견	식신
		식신	편재

예 2)

칠살	일간	정관	식신
庚	甲	辛	丙
午	子	丑	戌
(丁)	(癸)	(己辛癸)	(戊丁辛)
상관	정인	정재	편재
		정관	상관
		정인	정관

예 3)

정관	일간	편재	겁재
庚	乙	己	甲
辰	卯	巳	午
(戊癸乙)	(乙)	(丙庚)	(丁)
정재	비견	상관	식신
편인		정관	
비견			

예 4)

정관	일간	비견	편인
壬	丁	丁	乙
寅	酉	亥	丑
(甲丙)	(辛)	(壬甲)	(己辛癸)
정인	편재	정관	식신
겁재		정인	편재
			칠살

위의 3, 4, 5 및 6항에 대해서는 각각 별도의 항목으로 구분해서 설명하고자 한다.

1) 팔자 중 서로 다른 십성과 일간의 친밀성 판단법

팔자 중에서 일간 한 글자를 제외한 나머지 일곱 글자 모두와 일간 사이에서 발생하는 작용, 즉 이러한 작용은 일간과 각 간지 글자 간의 멀고 가까움, 충(沖)과 합(合) 등으로 인해 일간과 모(某) 간지 간의 작용이 비교적 친밀하기도 하고 친밀하지 않기도 한다.

일반적으로 일간과 서로 합하거나 서로 끌어당기는 간지는 일간과의 관계가 친밀하고, 일간과 서로 형(刑), 충을 하는 간지는 일간과의 관계가 비교적 소원(疏遠)하다. 그리고 천간은 동적(動的)이라 교호(交互) 작용의 기회가 많지만, 지지는 정적(靜的)이면서 무관한 천간과의 작용 기회가 많지 않다. 따라서 일간을 제외한 나머지 세 천간과 일간과의 관계는 친밀하지만, 일지를 제외한 나머지 세 지지와 일간과의 관계는 비교적 친밀하지 않다. 물론 일간과 가까운 간지가 일간에서 멀리 떨어져 있는 간지보다 관계가 친밀한 것은 당연하다.

그러면 친밀성이 큰 것에서부터 작은 순서로, 일간과 여덟 간지 간의 친밀성 순위는 다음과 같다.

① 일간 자신
② 일지 또는 일간이 합하는 천간
③ 일지와 합하는 지지 또는 일간과 합하는 천간의 지지 또는 일간과 합하는 천간과 합하는 다른 천간
④ 일간과 가까운 천간
⑤ 일간에서 비교적 멀리 떨어진 천간
⑥ 일지와 서로 밀쳐 내지 않는 지지
⑦ 일지와 비교적 가까운 지지
⑧ 일지와 서로 밀쳐 내거나, 일지에서 비교적 멀리 떨어진 지지

이상은 복잡한 정황을 고려하지 않고 단순하게 일반적으로 나열한 순위이므로, 실제 팔자 분석 시에는 상기 순위를 참고하여 그때그때 지혜롭게 판단해야 할 것이다.

참고로 팔자 상의 각 간지를 십성으로 치환해서 보면, 일간 대 팔자 중 십성 간의 친밀성이 훨씬 일목요연하게 보인다. 그리고 팔자 상의 일간과 일지가 기타 간지와 합하지 않으면 심성이 비교적 단순하며 만약 합하는 간지가 많으면 심성이 복잡하다.

그러면 예를 들어 설명하겠다.

정인	일간	겁재	정인
丁	戊	己	丁
巳	午	酉	酉
(丙庚)	(丁)	(辛)	(辛)
편인	정인	상관	상관
식신			

본 명조의 십성과 일간 간의 친밀성 순위는 다음과 같다.

① 일간 戊土 편인
② 일지 午 중 丁火 정인
③ 월간 己土 겁재와 시간 丁火 정인
④ 연간 丁火 정인
⑤ 시지 巳 중의 丙火 편인과 庚金 식신
⑥ 월지 酉 중 辛金 상관
⑦ 연지 酉 중 辛金 상관

예 2)			
정재	일간	정재	비견
丁	壬	丁	壬
未	辰	未	申
(己乙丁)	(戊癸乙)	(己乙丁)	(庚壬)
정관	칠살	정관	편인
상관	겁재	상관	비견
정재	상관	정재	

본 명조의 십성과 일간 간의 친밀성 순위는 다음과 같다.

① 일간 壬水 식신
② 월간과 시간의 丁火 정재와 일지 辰 중의 戊土 칠살, 癸水 겁재 및 乙木 상관
③ 월지와 시지의 未 중 己土 정관, 乙木 상관 및 丁火 정재와 연간 壬水 비견
④ 연지 申 중 庚金 편인과 壬水 비견

예 3)

정인	일간	정관	상관
丙	己	甲	庚
子	卯	申	申
(癸)	(乙)	(庚壬)	(庚壬)
편재	칠살	상관	상관
		정재	정재

본 명조의 십성과 일간 간의 친밀성 순위는 다음과 같다.

① 일간 己土 정인
② 월간 甲木 정관과 일지 卯 중 乙木 칠살
③ 월지 申 중 庚金 상관과 壬水 정재
④ 시간 丙火 정인
⑤ 연간 庚金 상관
⑥ 시지 子 중 癸水 편재
⑦ 연지 申 중 庚金 상관과 壬水 정재

2) 팔자 중 십성의 파괴와 강화 여부 판단법

앞에서 우리는 팔자 중의 십성 대 일간의 친밀성이 같지 않다는 것을 알았으니, 이제 우리는 계속해서 이러한 십성이 파괴되는지 또는 강화되는지를 연구해 보아야 한다. 이러한 연구가 필요한 이유는 어떤 십성이 일간과 매우 친밀하다고 하더라도 만약 그 십성이 파괴되면 자연히 그 십성의 효력이 나타나지 않게 된다. 반대로 어떤 십성의 일간과 친밀하지 않더라도 만약 그 십성이 강화되면 그 십성의 효용이 자연히 증가하기 때문이다.

어떤 경우에 십성이 파괴 또는 강화되는가에 대해서는 천간 부분과 지지 부분으로 나누어 설명하고자 한다.

① **천간 부분**

가) 일간 이외의 두 천간이 서로 극하면 극을 받는 십성의 성질은 크게 감소하는 반면, 극을 하는 십성의 성질은 분명하게 나타난다. 그러나 이때 상극(相剋)하는 양자 간의 위치에 따라 극하는 힘의 정도가 영향을 받는다는 것은 당연하다. 만약 양자가 서로 인접해 있으면 상극하는 힘이 가장 크게 되고, 하나의 천간을 건너뛰어 상극하면 극하는 힘이 약간 감소하며, 두 천간을 건너뛰어 상극하면 극하는 힘은 매우 약하게 된다. 특성은 감소하지 않는다.

나) 일간이 만약 다른 천간에 의해 심하게 극설(剋洩)을 당하면 일간 자신의 십성은 부분적으로 손상을 입는다.

다) 모 천간이 다른 천간으로부터 생을 받거나 앉은 자리인 지지가 그 천간을 생해 줄 수 있으면, 그 천간의 십성 특성은 강화된다.

라) 모 천간이 인접한 다른 천간으로부터 설기(洩氣)를 당하거나 앉은자리인 지지가 그 천간을 극, 설하고 있으면, 그 천간의 십성 특성은 감소하게 된다.

② **지지 부분**

가) 팔자 중 두 지지가 서로 인접하여 충을 하고 있는데 만약 그 충을 합을 시켜 해소할 수 없으면, 상충(相沖)하는 두 지지의 저장된 천간들이 모두 손상을 입게 되므로 해당하는 십성은 모두 손상된다. 다만 여기서 주의할 점은 일지와 충을 할 경우인데, 일지와 일간 사이에는 간지력이 존재하기 때문에, 일지가 비록 충을 당하더라도 일지에 저장된 천간들의 십성은 약간만 손상을 입게 된다는 것이다.

예 1)			
	일간		
壬	庚	甲	庚
午	子	申	寅
(丁)	(癸)	(庚壬)	(甲丙)
정관	상관	비견	편재
		식신	칠살

본 조는 子午와 寅申이 상충하고 있다. 비록 자신과 寅午가 서로 합을 하려 하지만 寅午 간의 거리가 멀어 합이 되지 못한다. 따라서 충의 효력에는 변함이 없다.

子午 충은, 午 중 丁火가 子 중 癸水에 의해 극파(剋破)가 된다. 따라서 丁火 정관의 특성은 상실되고 癸水 상관 특성은 약간 손상이 된다.

寅申 충은(게다가 申은 당령을 하고 있다), 申 중 庚金이 寅 중 甲木을 극하고 있으므로, 편재와 칠살의 특성은 모두 상실되고 비견과 식신의 특성은 약간 손상된다.

예 2)

	일간		
丁	庚	丙	庚
丑	寅	戌	辰
		(戊丁辛)	(戊癸乙)
		편인	편인
		정관	상관
		겁재	정재

본 조는 지지 辰戌이 상충하고 있는데, 그 결과 戊土는 더욱 강하게 되고 丁火는 癸水에게 극을 받으며, 乙木은 辛金에게 극을 받는다. 따라서 충으로 인해 편인 특성은 전혀 손상되지 않으나, 정관과 정재 특성은 완전히 상실되고, 겁재와 상관 특성은 약간만 손상된다.

나) 팔자 중 모 지지에 저장된 천간이 바로 위에 있는 천간으로부터 극, 설을 당하면 해당 십성의 특성이 손상된다.

다) 팔자 중 모 지지에 저장된 천간이 바로 위에 있는 천간으로부터 생조(生助)를 받으면 해당 십성 특성은 강화된다.

3) 팔자 중 각 십성의 역량 대소(大小) 판단법

하나의 십성이 중요한지 아닌지를 판단하는 요소는, 앞에서 언급한 일간과 십성 간의 친밀성과 십성의 파괴 및 강화 여부를 분석하는 방법 외에 한 가지 더 고려해야 할 사항이 있다. 그것은 팔자 중 십성의 강도가 어느 정도인지를 분석하는 것이다.

팔자 중 강도가 매우 높은 십성은 비록 일간과의 친밀성이 좋지 않더라도 항상 일간에 영향을 미치게 되며, 이와 반대로 강도가 매우 낮은 십성은 비록 일간과의 친밀성이 매우 클지라도 그것은 오히려 일간의 습관의식(習慣意識)이라고 할 수 있는 특성으로만 나타날 뿐 일간에 큰 영향을 주지 못한다.

십성의 역량 대소는 사실상 팔자 중의 각 천간의 역량 대소로 결정되는데, 각 천간의 역량 대소에 대한 계산 방법은 '일간의 강약 용신 취하는 법'에서 이미 언급했으므로 여기서는 재론하지 않는다. 그러나 한 가지 염두에 두어야 할 사항이 있는데, 그것은 **월지에 저장된 천간들은 모두 당령한 것이기 때문에, 그들의 역량 대소는 자연히 기타 같은 역량을 가진 천간들과 비교하여 0.2배 정도 크다는 점이다.** 따라서 그들이 대표하는 십성의 특성도 그에 비례하여 그만큼 강하게 나타난다는 것을 쉽게 알 수 있다.

한 가지 더 알아 두어야 할 사항은, 십간의 강도가 곧바로 대표하는 십성의 강도이기는 하지만, **이미 산출한 각 십성의 강도 중에서 비견성(星)의 강도는 1을 빼고 일간에 속하는 십성 강도는 1을 더한다는 점이다.** 왜냐하면 일간 정신주체아를 비견과 같다고 볼 수 없기 때문이며, 반면에 일간에 속하는 십성은 오히려 이와 유사한 십성을 구할 때 부수적으로 당연히 고려할 요소가 되기 때문이다.

위에서 언급한 사항에 대해 예를 들어 설명하고자 한다.

예1)

	일간		
癸1	丙1	甲1	癸1
巳	午	寅	酉
(丙庚)	(丁)	(甲丙)	(辛)
0.7, 0.3	1	0.7, 0.3	1

본 조의 각 간의 강도를 십간 순서대로 계산한 결과는 다음과 같다.

甲(0.7 당령) = 1.7 × (1 + 0.2 × 0.7) = 1.938

乙(0.7 당령) = 0 × (1 + 0.2 × 0.7) = 0

丙(전 당령) = 2 × (1 + 0.2 × 1) = 2.4 - 1 = 1.4

丁(전 당령) = 1 × (1 + 0.2 × 1) = 1.2

戊(0.3 당령) = 0 × (1 + 0.2 × 0.3) = 0

己(0.3 당령) = 0 × (1 + 0.2 × 0.3) = 0

庚(부 당령) = 0.3 × (1 + 0.2 × 0) = 0.3
辛(부 당령) = 1 × (1 + 0.2 × 0) = 1
壬(부 당령) = 0 × (1 + 0.2 × 0) = 0 + 1 = 1
癸(부 당령) = 2 × (1 + 0.2 × 0) = 2

이상의 결과 중 우선 丙火 비견은 1을 빼야 하고 壬水 칠살(일간의 십성)은 1을 더해야 한다. 그렇게 해서 나온 결과를 십성 강도 순으로 배열하면 아래와 같다.

① 癸水 정관
② 甲木 편인
③ 丙火 비견
④ 丁火 겁재
⑤ 辛金 정재, 壬水 칠살
⑥ 庚金 편재
⑦ 乙木 정인, 戊土 식신, 己土 상관

예 2)			
	일간		
乙1	戊1	癸1	辛1
卯	戌	巳	亥
(乙)	(戊丁辛)	(丙庚)	(壬甲)
1	0.5, 0.2, 0.3	0.7, 0.3	0.7, 0.3

본 조의 각 간의 강도를 십간 순서대로 계산한 결과는 다음과 같다.

甲(부 당령) = 0.3 × (1 + 0.2 × 0) = 0.3
乙(부 당령) = (1 + 1) × (1 + 0.2 × 0) = 2
丙(0.7 당령) = 0.7 × (1 + 0.2 × 0.7) = 0.798 + 1 = 1.798
丁(0.7 당령) = 0.2 × (1 + 0.2 × 0.7) = 0.228
戊(0.7 당령) = (1 + 0.5) × (1 + 0.2 × 0.7) = 1.71 - 1 = 0.71
己(0.7 당령) = 0 × (1 + 0.2 × 0.7) = 0
庚(0.3 당령) = 0.3 × (1 + 0.2 × 0.3) = 0.318
辛(0.3 당령) = (1 + 0.3) × (1 + 0.2 × 0.3) = 1.378
壬(0.3 당령) = 0.7 × (1 + 0.2 × 0.3) = 0.742
癸(0.3 당령) = 1 × (1 + 0.2 × 0.3) = 1.06

이상의 결과 중 우선 戊土 비견은 1을 빼야 하고 丙火 칠살(일간의 십성)은 1을 더해야 한다. 그렇게 해서 나온 결과를 십성 강도 순으로 배열하면 아래와 같다.

① 乙木 정관
② 丙火 편인
③ 辛金 상관
④ 癸水 정재
⑤ 壬水 편재
⑥ 戊土 비견

⑦ 庚金 식신
⑧ 甲木 칠살
⑨ 丁火 정인
⑩ 己土 겁재

예 3)

	일간		
丁1	丁1	庚1	辛1
未	丑	子	卯
(己乙丁)	(己辛癸)	(癸)	(乙)
0.5, 0.2, 0.3	0.5, 0.2, 0.3	1	1

본 조의 각 간의 강도를 십간 순서대로 계산한 결과는 다음과 같다.

甲(전 당령) = 0 × (1 + 0.2 × 1) = 0

乙(전 당령) = 1.2 × (1 + 0.2 × 1) = 1.44

丙(부 당령) = 0 × (1 + 0.2 × 0) = 0

丁(부 당령) = 2.3 × (1 + 0.2 × 0) = 2.3 - 1 = 1.3

戊(부 당령) = 0 × (1 + 0.2 × 0) = 0

己(부 당령) = 1 × (1 + 0.2 × 0) = 1

庚(부 당령) = 1 × (1 + 0.2 × 0) = 1

辛(부 당령) = 1.2 × (1 + 0.2 × 0) = 1.2

壬(전 당령) = 0 × (1 + 0.2 × 1) = 0 + 1 = 1

癸(전 당령) = 1.3 × (1 + 0.2 × 1) = 1.56

이상의 결과 중 우선 丁火 비견은 1을 빼야 하고 壬水 칠살(일간의 십성)은 1을 더해야 한다. 그렇게 해서 나온 결과를 십성 강도 순으로 배열하면 아래와 같다.

① 癸水 칠살
② 乙木 편인
③ 丁火 비견
④ 辛金 편재
⑤ 己土 식신, 庚金 정재, 壬水 정관
⑥ 甲木 정인, 丙火 겁재, 戊土 상관

4) 팔자로 심성을 분석하는 방법

이상에서 세 가지의 분석 방법을 이해했으므로, 이 세 가지의 분석 방법을 활용하여 심성을 분석해 보도록 하자.

통상적으로 **첫째, '1)'항에서 언급한 '각 십성과 일간 간의 친밀성'은 심성상 '습관심성(習慣心性)'을 대표한다.** 예를 들어 하나의 팔자에서 일간과의 친밀성을 분석하여 큰 것에서부터 작은 것 순으로 나열했을 때, ① 칠살, ② 편인, ③ 상관 순이라면, 이 팔자로 타고난 사람의 심성은 습관상, 첫 번째 칠살 심성으로 진입하고 두 번째는 편인 심성, 세 번째는 상관 심성으로 진입하게 된다. 따라서 이들 '습관심성'으로부터 해당 팔자로 태어난 사람의 자아(自我)를 비교적 쉽게 발견할 수 있다.

둘째, '2)'항에서 언급한 '각 십성의 파괴 또는 강화 여부'는 심성상 어느 심성이 강화되고 어느 심성이 파괴되는가에 대한 것이다.

셋째, '3)'항에서 언급한 '각 십성의 강도 대소'는 각 십성의 심성상 '**영향심성(影響心性)**'을 대표한다. 다시 말해서 모 십성의 강도가 크면 해당인의 모든 사상과 관념은 매우 쉽게 그 십성의 심성에 영향을 받게 되며, 이와 반대로 만약 모 십성의 강도가 매우 약하면 해당인의 사상과 관념이 쉽게 그 십성의 영향을 받아들이지 않게 된다. 예를 들어 모 팔자의 십성 강도가 ① 식신, ② 정인, ③ 정관 순이라면, 그 사람의 사상과 관념은 식신 특성을 가장 쉽게 받아들이게 되며 두 번째는 정인 특성을, 세 번째는 정관 특성을 쉽게 받아들인다는 뜻이 된다. 그런데 일반인들은 자신들의 '영향심성'에 대해 반드시 느끼게 되는 것은 아니다. **통상적으로 일반인들은 모두 단지 '영향심념(心念)'에 따라 행동하므로, '영향심성'이 '습관심성'이거나 자성력(自省力)이 매우 좋지 않으면 자신들의 '영향심성'의 존재를 잘 알지 못한다.**

※ 여기에서 심념(心念)은 단순한 생각이며, 심성(心性)은 변하지 않는 마음의 본체를 뜻한다.

이상의 분석 방법들을 종합하면 다음과 같은 몇 가지 판단 원칙을 이끌어 낼 수 있다.

가) 모 십성과 일간은 매우 친밀하나 모 십성의 강도는 매우 약한

경우, 해당 팔자 본인은 '습관심성'상 쉽게 해당 십성의 특성을 갖게 되지만, 그 십성의 특성에 따라 비교적 큰일의 방향을 선택하고 결정하기는 쉽지 않다.

나) 모 십성과 일간은 친밀하지 않으나 모 십성의 강도는 매우 강한 경우, 해당 팔자 본인은 '습관심성'상 쉽게 해당 십성의 특성을 갖기는 어려우나, 그 십성의 특성은 오히려 해당 팔자 본인이 스스로 처리하는 비교적 큰일의 방향을 선택하고 결정하는 데 늘 영향을 미친다.

다) 모 십성과 일간도 친밀하고 모 십성의 강도도 강할 경우, 해당 팔자 본인은 습관상 그 십성 특성을 갖게 될 뿐만 아니라, 사상과 관념 또한 항상 그 십성 특성의 영향을 늘 받는다.

라) 모 십성과 일간도 친밀하지 않고 모 십성의 강도도 약할 경우, 해당 팔자 본인은 어차피 그러한 십성 특성이 나타나기도 어렵고 그 십성의 영향을 받기도 어렵다.

그러면 이러한 판단 원칙이 적용되는 예를 몇 가지 들어 설명하겠다.

예 1)			
정관	일간	비견	칠살
壬	丁	丁	癸
子	卯	巳	巳
(癸)	(乙)	(丙庚)	(丙庚)
칠살	편인	겁재	겁재
		정재	정재

본 조의 일간과 십성 간의 친밀성 순위는 다음과 같다.

① 丁火 일간 정관
② 壬水 정관과 일지 卯 중 乙木 편인
③ 월간 丁火 비견, 연간 癸水 칠살과 시지 子 중 癸水 칠살
④ 월지 巳 중 丙火 겁재와 庚金 정재
⑤ 연지 巳 중 丙火 겁재와 庚金 정재

본 조 월간 丁火는 연간 癸水에 의해 파괴되나 월지 巳 중 丙火의 도움으로 완전히 파괴되지는 않는다. 그리고 연지 巳 중 丙火도 연간 癸水에 의해 파괴되나 癸水는 0.3 당령이므로 크게 파괴되지는 않는다.

본 조의 십성 강도 순위는 다음과 같다. (독자 여러분도 스스로 계산해 보기를 권함)

① 壬水 정관

② 癸水 칠살

③ 丙火 겁재

④ 丁火 비견

⑤ 乙木 편인

⑥ 庚金 정재

⑦ 戊土 상관

⑧ 己土 식신, 辛金 편재

이상의 분석에서 일간과 친밀한 십성 3순위까지 정하고 또한 비교적 강한 십성을 3순위까지 정하여 심성 분석을 하면 다음과 같다.

가) 습관심성 : 팔자 본인의 '습관심성'은, 보수적이고 온순하며 공적인 일을 받들고 법규를 지키며 전통 관념을 중시한다. 객관적이며 일 처리에 있어 조심스럽고 대인관계에 비공격적이며 또한 타인에 대한 공격도 좋아하지도 않는다. 하찮은 일에 간섭하는 것을 싫어하며 홀로 고독함을 좋아한다.

나) 영향심성 : 그러나 팔자 본인은 사상 및 관념상으로 늘 다음과 같은 심성의 영향을 받는다. 때로는 홀로 권위적이고 전제적 무사(武士)주의자이며 때로는 온순하고 조심스러우며 보수적 사상가라서 이들 양가(兩價) 심리는 상황에 따라 옮겨 가면서 나타난다. 늘 조심스

럽고 자제하는 경향이 강한 편이지만, 용납과 배척의 모순성이 심리 속에 늘 자리 잡고 있다. 수용성과 반역성이 음침하고 기괴한 형상으로 드러나기 때문에 타인이 쉽게 접근하는 것을 허용하지 않는다.

예 2)

상관	일간	편재	편인
丁	甲	戊	壬
卯	申	申	寅
(乙)	(庚壬)	(庚壬)	(甲丙)
겁재	칠살	칠살	비견
	편인	편인	식신

본 조의 일간과 십성 간의 친밀성 순위는 다음과 같다.

① 일간 甲木 편재
② 일지 申 중 庚金 칠살과 壬水 편인
③ 시간 丁火 상관과 월간 戊土 편재
④ 연간 壬水 편인
⑤ 시지 卯 중 乙木 겁재, 월지 申 중 庚金 칠살과 壬水 편인
⑥ 연지 寅 중 甲木 비견, 丙火 식신

본 조의 월간 戊土가 연간 壬水를 극하고 있어 壬水 편인의 역량을 완전히 잃게 된다. 지지 중에는 寅申이 충하고 있어 寅 중 甲木 비견과 丙火 식신이 모두 손상을 입게 된다.

본 조의 십성 강도 순위는 다음과 같다. (주의 : 순위 계산 시 壬水는 1을 빼고 甲木은 0.7, 丙火는 0.3을 각각 뺀다.)

① 戊土 편재
② 庚金 칠살
③ 乙木 겁재
④ 丁火 상관
⑤ 壬水 편재, 甲木 비견
⑥ 丙火 식신, 己土 정재, 辛金 정관, 癸水 정인

이상의 분석에서 일간과 친밀한 십성 3순위까지 정하고 또한 비교적 강한 십성을 2순위까지 정한 후, 천간의 상극(천간에서의 작용이라 비교적 분명하게 원인이 나타남)을 고려하여 심성 분석을 하면 다음과 같다.

가) 습관심성 : 팔자 본인의 '습관심성'은, 구체적 물질세계를 중시하고 사물에 대한 조작 성향이 있으며 육체적 즐거움에 집착하지 않는다(이상은 甲木 편재의 심성). 물질에 대한 조작과 사고(思考)에는 민첩성이 있으며 굴복하지 않고 표현상 권위적 특성이 있다. 언변이 능하며 겉으로 보기엔 온순하지 않지만, 공격성은 없으며 타인의 일에 개입하기를 싫어한다(이상은 편재, 칠살, 상관 및 편인의 심성이 혼합된 것임). 사색하는 것을 좋아하며 가끔 수준 있는 대화를 반기고

환상(幻想, 공상, 망상)이 많으며, 물상(物像)을 조작하고 배치(그림 그리기나 야구, 테니스 등 구기 운동)하는 데 흥미가 있다.

나) 영향심성 : 팔자 본인은 늘 다음과 같은 사상과 관념의 영향을 받는다. 사람은 당연히 실제적이어야 한다. 또한 사람은 마땅히 노력하고 분투하며 고난을 두려워하지 않아야 한다. 마찬가지로 일을 대함에 있어 실사구시(實事求是)해야 하며 용맹정진해야 한다. 사람은 반드시 크게 성공할 필요는 없지만 편안하게 살아야 하며 진실하고 성실해야 한다. 사람은 비록 물질적 생활 수준은 좋지 않다고 하더라도 반드시 매일매일 육체적 노력이나 정신적 노력을 들여 하는 일이 있어야 한다. 사람은 유형 유색의 물건에 대해 전적으로 집착하지는 않아야 한다.

예 3)

정재	일간	정인	정관
戊	乙	壬	庚
子	巳	午	午
(癸)	(丙庚)	(丁)	(丁)
편인	상관	식신	식신
	정관		

본 조의 일간과 십성 간의 친밀성이 비교적 큰 네 가지 십성은 다음과 같다.

1. 일간 乙木 정재
2. 일지 巳 중 丙火 상관과 庚金 정관
3. 시간 戊土 정재 및 월간 壬水 정인
4. 연간 庚金 정관

천간의 戊土가 비록 월간 壬水를 극하지만 일간 乙木이 사이에 있어 오히려 戊土를 극하므로 戊土는 壬水를 극할 수 없다. 그리고 지지 중 子午가 충을 하고자 하나 사이에 巳가 있어 충하는 힘이 그리 크지 않으며, 월간 壬水가 월지 午 중 丁火를 극하고 시간 戊土도 子 중 癸水를 극하고 있으나, 모두 극 하는 힘이 약해 고려하지 않는다.

본 조의 십성 강도가 비교적 큰 두 천간은 다음과 같다.

① 丁火 식신
② 戊土 정재

이상의 분석을 토대로 해당 팔자 본인의 심성을 간략하게 분석하면 다음과 같다.

가) 습관심성 : 팔자 본인의 '습관심성'은, 실제적인 물질세계를 중시하고 육신의 안락에 대한 욕구가 강하며 풍류적이고 낭만적이다. 공격성이 강하지 않고 제법 신사풍의 품격을 갖추고 있다. 무용을 좋아하

고 언어와 문장 능력이 양호하며 명리(名利, 명예와 이익)에 집착한다.

나) 영향심성 : 팔자 본인은 늘 다음과 같은 사상과 관념의 영향을 받는다. 사람은 마땅히 타인을 도와줘야 하며 사회를 위해 봉사해야 하나 자신의 기본적인 행복도 잊지 않아야 한다. 사람은 어떤 일을 할 때 온종일 지나치게 진지하거나 신중할 필요는 없으며 여유롭고 태연자약하게 보내는 것이 좋다. 또한 본인 한 몸의 육체적 만족과 예술적인 아름다움이나 감동 따위를 음미하고 즐길 줄 알아야 한다. 사람은 마땅히 충분한 자유가 보장되어야 하며 자기가 좋아하는 일을 할 수 있어야 하지만 공법에 저촉되는 일은 없어야 한다.

예 3)

정인	일간	정재	편인
庚	癸	丙	辛
申	丑	申	丑
(庚壬)	(己辛癸)	(庚壬)	(己辛癸)
정인	칠살	정인	칠살
겁재	편인	겁재	편인
	비견		비견

본 조의 일간과 십성 간의 친밀성 순위는 다음과 같다.

① 일간 癸水 상관
② 일지 丑 중 己土 칠살, 辛金 편인 및 癸水 비견

③ 시간 庚金 정인

본 조에서 십성 강도가 가장 큰 것은 庚金 정인이다(본 조는 십성 강도가 가장 큰 것과 두 번째로 강한 것과의 차이가 너무 크므로 가장 강한 십성 특성만 분석하면 된다).

이상의 분석을 토대로 해당 팔자 본인의 심성을 간략하게 분석하면 다음과 같다.

가) 습관심성 : 팔자 본인의 '습관심성'은 대인적(對人的)인 일에 매우 민감하고 환상(幻想, 공상, 망상)이 많으며, 옛것을 싫어하고 새로운 것을 좋아한다. 관습과 법규를 싫어하며, 높고 먼 것을 추구하는 것을 좋아한다. 쉽사리 굴복하지 않으며 생각이 매우 예민하고 대외적인 일을 처리하기 싫어하지만, 동정심은 풍부하고 낭만을 즐긴다. 관심 밖의 일에 대해 많은 말을 하는 것은 좋아하지 않으며 보수적이고 관용적이다. 타인이 자신을 인정해 주는 것을 중시하며, 의식의 흐름이 매우 유동적이다.

나) 영향심성 : 팔자 본인은 늘 다음과 같은 사상과 관념의 영향을 받는다. 사람은 관용적이어야 하고 인내심이 있어야 하며 천도(天道)를 지켜야 한다. 한 가지 일을 시작하면 변경하지 않고 끝까지 지속해야 한다. 사람은 마땅히 하찮은 일이라도 있어야 하지만, 천지(天地)가

어쩌면 이미 사람의 운명을 정해 놓았으니 단지 최선을 다해 노력하면 된다. 사람의 제멋대로 된 감정 욕구가 무엇을 할 수 있으며, 궁극적으로 무엇을 얻을 수 있겠는가? 모든 것은 여전히 옛것을 지키는 것만 같지 못하고. 새로운 움직임은 늘 불안정한 파괴를 초래할 뿐이다.

이상의 설명을 종합해 보면, '습관심성'은 일간을 포함한 양 천간과 간지력이 있는 일지가 주로 관여한다. 일반적으로 천간은 십성의 특성이 빠르고 쉽게 드러나므로 일간과 천간의 친밀성이 겉으로 잘 드러나는 '습관심성'에 크게 영향을 미치는 것으로 볼 수 있다.

한편 '영향심성'은 일간을 포함한 천간은 물론 모든 지지가 관여한다. 일반적으로 지지는 십성의 특성이 서서히 드러나거나 쉽게 드러나지 않는다. 특히 월지는 '당령'에 직접 관여하여 해당 천간의 비중을 높이고 팔자 본인의 가치관을 나타내므로 눈여겨볼 필요가 있다. 따라서 지지를 포함한 관여된 모든 십성의 강도를 산정하여 겉으로 잘 드러나지 않는 내면의 심성(사상, 관념)인 '영향심성'을 분석하는 것으로 볼 수 있다.

이상과 같이 반자단 선생과 하건충 선생의 저서 내용 중 사주 심리와 관련한 부분을 발췌하여 비교적 상세하게 정리하였다. 특히 하건충 선생의 저서 부분을 상세히 소개하였는데, 본 저자가 사주의 십성을 분석하여 MBTI 성격유형을 유추하는 근거와 기초가 되기 때문이며, 또한 독자분들이 사주로 심리를 분석할 때 참고하여 도움이 되도록 하기 위함이다. 물론 하건충 선생의 주장 중 합극(合剋)에서 십성의 종류에 따라 극을 받는 십성의 특성이 완전히 상실된다거나 약간만 손상을 받는다는 내용은 선뜻 받아들이기가 어렵다. 또한 어느 십성이 극을 받으면 극을 받은 십성이 극을 하는 십성(예를 들면 편인이 극을 받으면 편인의 심성이 상실되고 식신의 심성으로 변한다)으로 변한다는 '변성(變性) 심리원칙'은 워낙 예민한 부분이고 실제로 많은 검증을 거쳐야 하므로 본 저서에서는 수용하지 않았다. 그리고 천간의 합극, 극제(剋制), 생조(生助)와 지지의 충극(沖剋), 생조, 간지의 통근 등 일간을 강화하거나 약화하는 상호작용은 분명 명리학에서는 중요하게 다루는 분야이다. 그러나 이러한 상호작용이 일간의 심리에 영향을 미칠 것은 미루어 짐작할 수 있으나, 워낙 변수가 많고 계량화하기가 거의 불가능한 수준이므로 본 저자는 향후의 과제로 남겨 놓았다.

 이상에서 언급한 여러 주장이나 과제에 대해 취사선택은 독자분들에게 맡기며, 더 흥미와 관심이 있는 독자분들은 하건충 선생의 저서 『팔자심리추명학』을 참고하여 큰 연구성과가 있기를 기대한다.

제4장

사주로 MBTI 엿보기

제1절 들어가기

   지금까지 거쳐 온 긴 여정을 통해 다음과 같이 정리하면서, 우리의 최종 목적지인 『사주로 MBTI 엿보기』를 향해 흥미진진한 항해를 떠나고자 한다.

   제일 먼저 MBTI와 사주 심리학의 근거와 기초가 되는 융의 심리학적 유형론에 대해 배경과 중심이 되는 내용에 대해 비교적 자세히 살펴보았다. 이를 통해 융의 이론이 동양철학, 특히 태극, 음양설과 맞닿아 있다는 점을 알게 되었고, 이와 연관된 외향적, 내향적 태도와 대극 관계에 있는 사고기능, 감정기능, 감각기능, 직관기능의 기능별 특징을 알아보았다. 또한 여덟 가지 성격유형에 대한 유형별 특징을 덧붙였는데, 이들은 사주 심리학의 근간인 '십성'과 반자단 선생의 '팔격론'으로 이어진다.

   다음으로 MBTI가 탄생한 배경을 살펴보고 각 선호지표와 이들 네 가지 선호지표로 구성된 16가지 성격유형에 대해서도 독자분들의 이해를 돕기 위해 유형별 특징을 다루었다. 잘 알려져 있듯이 MBTI는 융의 심리학적 유형론에 근거한다는 것이고, 심리학적 유형론을 바탕으로 외향성, 내향성 지표(E/I 지표), 네 가지 대극 지표(S/N, T/F 지표)와 융의 이론에서는 자세히 다루지 않았던 판단과 인식 지표(J/P) 등에 대해 지표별 특징을 간략히 언급하였다. 이들 지표별 특징에 대해서는 십성의 특징과 1:1로 비교하여 잘 익혀 놓으면 사주로 풀어 선천적인 MBTI 유형을 유추할 때 큰 도움이 된다.

마지막으로 융의 심리학적 유형론과 자평명리학의 십성론을 바탕으로 한 팔격론을 절묘하게 연결한 반자단 선생의 업적을 살펴보았다. 또한 일간과 타 십성 간의 상호작용을 수식으로 계산한 하건충 선생의 강약 용신 찾기와 심성 분석의 사례를 살펴보았다. 이 부분은 본 저자가 시도한 『사주로 MBTI 엿보기』의 핵심적인 근거가 되는 것으로 독자분들의 이해를 돕기 위해 사례와 함께 비교적 상세히 설명하였다. **결국 핵심은 융의 심리학적 유형론과 MBTI가 맞닿아 있고 융의 심리학적 유형론과 사주 심리학이 역시 맞닿아 있다는 점으로, 이러한 상호 연관성이 MBTI와 사주 심리학의 필연적인 만남과 『사주로 MBTI 엿보기』를 낳았다는 점이다.**

지금부터 MBTI 검사를 하여 자신의 성격유형을 알고 있는 17명의 사례자에 대해, 각자의 사주로부터 선천적인 MBTI 성격유형을 유추하는 과정을 상세하게 소개하고자 한다. 유추하는 과정의 순서는, 먼저 본 과정을 명확히 정의하고 간소화하기 위해 가설을 설정한 후, 가설에 따라 일간과 타 십성의 강도 계산을 통해 MBTI 선호지표(E/I,

S/N, T/F)를 찾아낸다. 다음은 일간과 타 십성 간의 친밀성을 계산하여 나머지 J/P 지표를 찾아낸다. 마지막으로 이렇게 찾아낸 선호지표들을 조합하여 MBTI의 16가지 성격유형 중 해당하는 하나의 유형을 유추하는 과정이다.

제2절 사주로 MBTI 엿보기의 근거와 가설 세우기

1. 사주로 MBTI 엿보기의 이론적 근거

심리적 에너지의 방향과 관계한 태도지표(E/I)와 정신기능지표(S/N, T/F)는, 제3장 제2절 1항에서 언급한 바와 같이, 반자단 선생이 정립하여 간결하게 정리한 아래의 표로부터 사주의 십성과 MBTI 선호지표를 서로 연결하여 유추할 수 있다.

分析 心理學	사상파 (思想派)		감각파 (感覺派)		직각파 (直覺派)		지각파 (知覺派)	
	外向	內向	外向	內向	外向	內向	外向	內向
命理學	관살(官殺)		식상(食傷)		인성(印星)		재성(財星)	
	正官	七殺	傷官	食神	正印	偏印	正財	偏財

즉 **외향성 지표(E)**는 사주 십성 중 **정관, 상관, 정인, 정재**와 사주의 십성에만 있는 **겁재** 등이 해당한다. 외향성이 에너지의 방향이 객체로 향한다는 점에서 마땅히 수용할 수 있다.

내향성 지표(I)는 사주 십성 중 **칠살(편관), 식신, 편인** 및 **편재**와 사주의 십성에만 있는 **비견** 등이 해당한다. 내향성이 에너지의 방향이 주체로 향한다는 점에서 마땅히 수용할 수 있다.

　심리기능에서 **감각형 지표(S)**는 십성 중 지각파에 속하는 **정재**와 **편재**에 해당한다. 오감을 통해 정보를 수집하는 기능이라는 점에서 서로 연결되어 있다.
　심리기능에서 **직관형 지표(N)**는 십성 중 직각파에 속하는 **정인**과 **편인**에 해당한다. 육감이나 영감을 통해 정보를 수집하는 기능이라는 점에서 서로 연결되어 있다.
　심리기능에서 **사고형 지표(T)**는 십성 중 사상파에 속하는 **정관**과 **칠살**에 해당한다. 수집된 정보를 바탕으로 논리적 분석, 원리에 따라 판단, 결정 및 선택하는 판단기능이라는 점에서 서로 연결되어 있다.
　심리기능에서 **감정형 지표(F)**는 십성 중 감각파에 속하는 **상관**과 **식신**에 해당한다. 수집된 정보를 바탕으로 개인적, 인간적 및 사회적 가치를 기준으로 판단, 결정 및 선택하는 판단기능이라는 점에서 서로 연결되어 있다.

　반자단 선생이 정립한 이론을 기반으로, 사주 중 일간을 비롯한 각 십성의 강도를 정량적으로 평가하여 심리 상태의 분석을 시도한 하건충 선생의 핵심 이론을 요약하면 다음과 같다.

　첫째, <u>**사주 중 일간과 기타 십성 간의 친밀성 순위를 정하여 '습관심성'을 분석한다.**</u> '습관심성'은, 일간을 중심으로 주로 천간과 일간과의 간지력으로 결합하는 일지 십성의 특성으로 판단한다. 천간은 동적인 특성이 있어 비교적 빠르게 십성의 특성이 작용하여 영향을 주는 것으로 판단되므로, 표면적으로 나타나는 '습관심성'이라 할 수 있다.

둘째, 사주에서 십성 간의 극하는 관계나 생조(生助)하는 관계를 파악함으로써 어느 십성의 파괴나 강화에 대해 분석한다.

셋째, 일간의 강약 용신을 취하는 방법을 활용하여, **사주 각 십성의 강도를 산정하고 강도의 순위를 통해 사상과 관념의 영향을 받는 심성('영향심성')을 분석한다.** 월지를 비롯한 지지에 저장된 천간을 모두 포함하고, 특히 월지에 당령한 천간의 강도에 가중치를 부여하였다. 지지가 정적이며 내적 심성을 대표한다는 점에서 사상과 관념에 영향을 받는 심성이라고 표현한 것으로 보인다.

2. 사주로 MBTI 엿보기를 위한 가설 세우기

이상에서 언급한 두 명리학자의 사주 심리 이론을 기반으로 하여, 사주로 MBTI 엿보기를 위한 가설을 세우고자 한다.

(1) E/I 지표 결정 방법

외향성과 내향성의 태도 지표는 반자단 선생이 정립한 이론에 근거하면, 외향성 지표(E)에 해당하는 십성은 정인, 정관, 정재, 상관 및 겁재이며, 내향성 지표(I)에 해당하는 십성은 편인, 칠살, 편재, 식신 및 비견이다.

- 외향성 지표(E) : 정인, 정관, 정재, 상관 및 겁재
- 내향성 지표(I) : 편인, 칠살, 편재, 식신 및 비견

(2) S/N 지표 결정 방법

심리기능 중 감각형 지표(S)와 직관형 지표(N)는 각각 정재와 편재 및 정인과 편인이다.

- 감각형 지표(S) : 정재와 편재
- 직관형 지표(N) : 정인과 편인

(3) T/F 지표 결정 방법

심리기능 중 사고형 지표(T)와 감정형 지표(F)는 각각 정관과 칠살 및 상관과 식신이다.

- 사고형 지표(T) : 정관과 칠살
- 감정형 지표(F) : 상관과 식신

(4) J/P 지표 결정 방법 1

MBTI 선호지표 중 행동 양식(외부 세계에 대처하는 생활 방식)에 해당하는 판단형 지표(J)와 인식형 지표(P)는 MBTI에서 추가된 지표들이다. 융은 JP 지표에 대해 "대게 **판단하는 상황에 있는 사람(J형)은 의식적 성격 측면을 잘 파악**하고, **인식형(P형)의 사람은 무의식적인 성격에 영향을 받는다.** 왜냐하면 판단(J)은 정신 현상의 의식적 동기에 더욱 관심을 가지고, 인식(P)은 단지 일어난 일을 기록하기 때문이다"라고 했다.

MBTI 선호지표 중 판단과 인식은 외부 세계에 대한 태도나 적응에 있어서 어떤 과정을 선호하는가를 말한다. 어떤 사람은 판단(사고나 감정)을 선호하고 또는 인식(감각 또는 직관)을 선호한다. 판단을 선호하는 사람은 외부 세계에 적응할 때 판단 과정(사고나 감정)을 사용하기를 좋아한다. 인식형은 들어오는 정보 그 자체를 받아들이기를 즐긴다. 삶을 통제하고 조절하기보다 상황에 맞추어 잘 적응하며 이해하려는 편이다. 이것이 MBTI에서 판단형과 인식형을 설명하는 내용이다.

한편 MBTI의 네 가지 선호경향 중, 판단형과 인식형을 갖는 사람들에게서 나타나는 대표적인 특성들을 참고하면, 위에서 언급한 판단형과 인식형에 대한 설명과 모순되는 측면이 있다. 예를 들면, 판단형의 특성이 결과 지향적이라든가 성급하다든가 하는 것은, 감각형에 해당하는 정, 편재의 특성에 가까우며, 인식형의 특성이 과정

지향적이고 매사에 유유자적하다 등은 감정형에 해당하는 식신과 상관의 특성에 가깝다. 결국 판단형과 인식형을 규정하는 설명과 판단형과 인식형을 선호하는 사람들에서 일반적으로 나타나는 특성들과는 차이가 있으며, 각 십성에 해당하는 함의를 통해서도 이러한 차이를 확인할 수 있다. 결론적으로 <u>**MBTI 선호지표 중 판단형과 인식형을 사주 십성과 어떻게 연결하는가가 사주로 MBTI 엿보기의 핵심이다.**</u>

위에서 언급한 내용을 종합적으로 판단하고 또한 명리학의 관점에서 생각해 보면, 판단형은 일간 주체를 중심으로 극을 받거나(정관 또는 칠살) 극을 하는(정재 또는 편재) 십성에 해당하며(내가 통제를 받거나 통제를 함) 이것이 곧 융이 말한 의식적 성격이라고 할 수 있다. 또한 인식형은 일간 주체를 중심으로 육감, 영감 등의 정신적 에너지를 받아(정인 또는 편인) 재능을 발휘하는 과정(상관 또는 식신)이 융이 언급한 무의식적인 성격에 더 가깝다고 할 수 있지 않을까 한다.

따라서 **판단형(J)**에 해당하는 십성은 **정관, 칠살, 정재** 및 **편재**이며, **인식형(P)**에 해당하는 십성은 **정인, 편인, 상관** 및 **식신**이다. 여기에서 겁재와 비견은 당연히 인식형의 십성인 상관과 식신을 생하고, 판단형의 십성인 재성을 극하면서 관성과는 대립하는 특성이 있으므로, 인식형은 강화하고 판단형은 약화할 것으로 판단한다. 그러나 이들 역량의 100%가 인식형에 직접 관여한다고 볼 수 없으므로,

인식형을 평가할 때 겁재와 비견의 작용 강도에 대한 가중치를 적절히 조정할 필요가 있다(예를 들면 겁재와 비견 강도의 80%를 인정).

아래에 다시 한번 판단형과 인식형을 선호하는 사람들에게서 나타나는 특성을 정리함으로써 독자분들의 이해를 돕고자 한다.

⇒ **판단형의 특성** : **체계적이고 논리적**임, 정리 정돈과 **치밀한 계획**을 선호, 의지를 갖고 추진, **신속한 결론** 또는 도달, **통제**와 조정, 목표 의식이 분명함, 뚜렷한 기준이 있고 자기 의사가 분명함, 기한을 철저히 지키고자 함, **규정이나 틀을 중시함**, 미리 철저히 계획하고 추진함, 소속되어 일하는 것에 편안함을 느낌, **결과(성과) 지향적**임, 경계선이 분명함 등

⇒ **인식형의 특성** : 자율적이고 자발적임, 상황에 따라 개방적임, **변화**에 대해 이해로 수용, **유유자적, 융통**과 **적응**, 목표와 방향을 상황에 따라 유동적이고 개방적임, 재량에 따른 포용성, 그때그때 상황에 따라 처신(**임기응변**에 능함), **규정과 틀을 싫어함**, 일은 추진해 가면서 **그때그때 계획함**, 소속되고 묶이는 것을 싫어함, **과정 지향적**임, 경계선이 분명하면 답답해함 등

- 판단형 지표(J) : 정관, 칠살, 정재 및 편재
- 인식형 지표(P) : 정인, 편인, 상관, 식신,
  0.8 × (겁재 + 비견)

(5) J/P 지표 결정 방법 2

하건충 선생은 사주에서 일간과의 친밀성으로 '습관심성'을 분석하고, 십성의 강도를 정량적으로 산정하여 사상과 관념에 영향을 받는 '영향심성'을 분석한다고 하였다.

하건충 선생은 **일반인들은 본인의 '영향심성'에 대해 반드시 깨닫고 있지는 않다고 전제**하였다. 또한 **통상 일반인들은 단지 '영향심념'에 따라서 행동을 할 뿐이며, 영향을 미치는 심성(영향심성)이 '습관심성'이 아닌 한 그것의 존재를 알지 못한다**고 하였다.

한편 **판단(J)과 인식(P) 태도는 MBTI가 개발되기 전 수십 년간의 행동관찰에서 발견되었다**고 한다. J/P 태도는 어떤 성격유형을 가진 사람이든 외부 세계에 대해 대처해 나가는 방식을 기술한다. 결국 <u>외향적 활동은 내향적 활동보다 더 잘 눈에 띄므로 J/P 태도는 가장 먼저 발견된다고 하였다.</u>[5]

따라서 본 저자는 하건충 선생이 언급한 <u>**'습관심성'**과 MBTI의 **판단(J)형과 인식(P)형에 닿아 있다**고 본다. J/P 선호지표를 결정할 시 사주의 일간과 다른 십성 간의 친밀성을 분석하여, 일상생활에서 겉으로 드러나는 '습관심성'을 파악하는 것은 이치에 합당하다</u>고 판단한다.

일간과 다른 십성 간의 친밀성은 일간과 다른 천간, 지지의 상대적인 위치로 평가할 수도 있으나, 본 저자는 상대적인 위치를 아래와 같이 위치별 **가중치**를 부여하여 정량적으로 산정함으로써 '습관심성'

에 해당하는 J/P 지표를 결정하고자 한다.

| 시간(0.8) | 일간(1.0) | 월간(0.8) | 연간(0.6) |
| 시지(0.6) | 일지(0.9) | 월지(0.6) | 연지(0.4) |

1) **일간** 가중치 1.0을 중심으로 간지력이 작용하는 **일지**는 가중치 0.9로 정하였다.

2) 일간과 인접한 **월간**과 **시간**은 일지 다음으로 인접한 천간으로 가중치를 같이 0.8로 정하였다. 다만 월간이나 시간이 **일간과 합**을 할 경우, 합력을 고려하여 가중치를 일지와 같이 0.9로 정하였다.

3) **연간, 월지** 및 **시지**는 가중치를 0.6으로 같이 정하였다.

4) **연지**의 가중치는 0.4로 가장 낮게 정하였다.

5) 지지의 경우에는 지지에 저장된 천간 비율에 각 지지의 가중치를 곱하여 산정하는 것을 원칙으로 한다.

6) 겁재와 비견은 인식형의 십성인 인성을 설기(洩氣)하고, 상관과 식신은 생하므로, 겁재와 비견의 가중치에 **0.8을 곱하여** 산정한 결과를 인식형에 합산하며, 십성의 강도를 산정할 시에도 같이 적용한다. 이때 **일간 庚金 비견과 辛金 겁재는 직접 생극(生剋) 작용을 할 수 없**

<u>으므로 일간 비견과 겁재 값은 제외한다.</u>

(6) 일간을 포함한 다른 십성의 강도 산정

태도 지표인 외향성(E)과 내향성(I), 심리기능인 감각(S)과 직관(N), 사고(T)와 감정(F) 지표들을 결정하기 위해서는 사주의 일간을 포함한 다른 각 십성의 강도를 산정하고 강도의 순위를 결정할 필요가 있다. 각 십성의 강도를 산정하고 순위를 결정하는 방법은, 하건충 선생의 이론인 일간 강약 용신을 취하는 방법이나 십성의 강도를 산정하고 순위를 결정하는 방법에서 이미 상세히 설명하였으므로 여기에서는 생략한다.

하건충 선생은 사주 심성 분석 시에 일간을 제외한 천간 간, 지지 간과 간지 간의 生, 助, 剋, 洩을 고려하였고, 또한 일간을 제외한 천간의 극합(剋合)과 지지 간의 충극(沖剋)도 함께 고려하였다. 이러한 상호 관계들이 어떤 식이든 심성에 영향을 미치는 것이 분명하지만, 변수가 워낙 방대하고 계량화할 수 없으므로 여기에서는 고려하지 않는다.

한편 하건충 선생이 주장한 극을 받은 십성의 '변성 심리원칙'이나 공망(空亡)에 관한 영향은 무시한다.

제3절 사례로 본 사주로 MBTI 엿보기

  여기에서는 우선 네 가지 선호지표(E/I, S/N. T/F 및 J/P)별로 사례들을 먼저 소개하고 마지막에는 네 가지 선호지표가 모두 포함된 사례들을 소개하고자 한다. 여기에서 예를 든 사례들은 실제 MBTI 검사를 통해 네 가지 선호지표를 알고 있는 사례자의 사주로, MBTI 성격유형과 사주로 풀어 낸 성격유형을 서로 비교한 것이다.[15]

1. 외향형 지표(E) 사례

(1) MBTI 성격유형 : ESTJ

丙1	丙1	壬1	丁1
申	子	子	酉
(庚壬)	(癸)	(癸)	(辛)
0.7, 0.3	1	1	1

丙(부 당령) = 2 - 1(비견) = 1
丁(부 당령) = 1
庚(부 당령) = 0.7
辛(부 당령) = 1
壬(전 당령) = 1.3 × (1 + 0.2 × 1) = 1.56 + 1(칠살) = **2.56**
癸(전 당령) = 2 × (1 + 0.2 × 1) = 2.4

⇒ : 겁재 + 정재 + 정관 = 1 + 1 + 2.4 = **4.4 (외향형 십성)**
　 : 비견 + 편재 + 칠살 = 1 + 0.7 + 2.56 = **4.26 (내향형 십성)**

⇒ <u>4.4 〉 4.26 : **외향형(E)**</u>

(2) MBTI 성격유형 : ESFP

癸1	辛1	甲1	丁1
巳	亥	辰	酉
(丙庚)	(壬甲)	(戊癸乙)	(辛)
0.7, 0.3	0.7, 0.3	0.5, 0.2, 0.3	1

甲(0.5 당령) = 1.3 × (1 + 0.2 × 0.5) = 1.43

乙(0.5 당령) = 0.3 × (1 + 0.2 × 0.5) = 0.33

丙(0.3 당령) = 0.7 × (1 + 0.2 × 0.3) = 0.742

丁(0.3 당령) = 1 × (1 + 0.2 × 0.3) = 1.06

戊(0.5 당령) = 0.5 × (1 + 0.2 × 0.5) = 0.55

庚(0.5 당령) = 0.3 × (1 + 0.2 × 0.5) = 0.33 + 1(겁재) = 1.33

辛(0.5 당령) = 2 × (1 + 0.2 × 0.5) = 2.2 - 1(비견) = 1.2

壬(0.2 당령) = 0.7 × (1 + 0.2 × 0.2) = 0.728

癸(0.2 당령) = 1.2 × (1 + 0.2 × 0.2) = 1.248

⇒ : 정재 + 정관 + 정인 + 겁재 + 상관 = 1.43 + 0.742 + 0.55 + 1.33 + 0.728 = **4.78 (외향형** 십성)

  : 편재 + 칠살 + 비견 + 식신 = 0.33 + 1.06 + 1.2 + 1.248 = **3.838 (내향형** 십성)

⇒ <u>4.78 〉 3.838 : **외향형(E)**</u>

2. 내향형 지표(I) 사례

(1) MBTI 성격유형 : ISTJ

癸1	丁1	壬1	癸1
卯	丑	戌	酉
(乙)	(己辛癸)	(戊丁辛)	(辛)
1	0.5, 0.2, 0.3	0.5, 0.2, 0.3	1

乙(부 당령) = 1

丁(0.2 당령) = 1.2 × (1 + 0.2 × 0.2) = 1.248 − 1(비견) = 0.248

戊(0.7 당령) = 0.5 × (1 + 0.2 × 0.7) = 0.57

己(0.7 당령) = 0.5 × (1 + 0.2 × 0.7) = 0.57

辛(0.8 당령) = 1.5 × (1 + 0.2 × 0.8) = 1.74

壬(0.3 당령) = 1 × (1 + 0.2 × 0.3) = 1.06 + 1(정관) = 2.06

癸(0.3 당령) = 2.3 × (1 + 0.2 × 0.3) = 2.438

⇒ : 상관 + 정관 = 0.57 + 2.06 = **2.63 (외향형 십성)**

  : 편인 + 비견 + 식신 + 편재 + 칠살 = 1 + 0.248 + 0.57 + 1.74
  + 2.438 = **5.996 (내향형 십성)**

⇒ **5.996 〉 2.63 : 내향형(I)**

(2) MBTI 성격유형 : ISTJ

癸1	丙1	辛1	丁1
巳	戌	亥	巳
(丙庚)	(戊丁辛)	(壬甲)	(丙庚)
0.7, 0.3	0.5, 0.2, 0.3	0.7, 0.3	0.7, 0.3

甲(전 당령) = 0.3 x (1 + 0.2 x 1) = 0.36

丙(0.3 당령) = 2.4 × (1 + 0.2 × 0.3) = 2.544 - 1(비견) = 1.544

丁(0.3 당령) = 1.2 × (1 + 0.2 × 0.3) = 1.272

戊(부 당령) = 0.5

庚(부 당령) = 0.6

辛(부 당령) = 1.3

壬(0.7 당령) = 0.7 × (1 + 0.2 × 0.7) = 0.798 + 1(칠살) = 1.798

癸(0.7 당령) = 1 × (1 + 0.2 × 0.7) = 1.14

⇒ : 겁재 + 정재 + 정관 = 1.272 + 1.3 + 1.14 = **3.712 (외향형** 십성)

: 편인 + 비견 + 식신 + 편재 + 칠살 = 0.36 + 1.544 + 0.5 + 0.6 + 1.798 = **4.802 (내향형** 십성)

⇒ <u>4.802 〉 3.712 : 내향형(I)</u>

3. 감각형 지표(S) 사례

(1) MBTI 성격유형 : ESTP

庚1	辛1	丁1	甲1
寅	酉	丑	戌
(甲丙)	(辛)	(己辛癸)	(戊丁辛)
0.7, 0.3	1	0.5, 0.2, 0.3	0.5, 0.2, 0.3

甲(0.3 당령) = 1.7 × (1 + 0.2 × 0.3) = 1.802

丙(부 당령) = 0.3

丁(부 당령) = 1.2

戊(0.5 당령) = 0.5 × (1 + 0.2 × 0.5) = 0.55

己(0.5 당령) = 0.5 × (1 + 0.2 × 0.5) = 0.55

庚(0.7 당령) = 1 × (1 + 0.2 × 0.7) = 1.14 + 1(겁재) = 2.14

辛(0.7 당령) = 2.5 × (1 + 0.2 × 0.7) = 2.85 - 1(비견) = 1.85

癸(0.5 당령) = 0.3 × (1 + 0.2 × 0.5) = 0.33

⇒ : 정재 = 1.802 (**감각형** 십성)

: 정인 + 편인 = 0.55 + 0.55 = 1.1 (**직관형** 십성)

⇒ <u>1.802 > 1.1 : 감각형(S)</u>

(2) MBTI 성격유형 : ISFP

乙1 未 (己乙丁) 0.5, 0.2, 0.3	辛1 酉 (辛) 1	辛1 酉 (辛) 1	癸1 酉 (辛) 1

乙(부 당령) = 1.2

丁(부 당령) = 0.3

己(부 당령) = 0.5

庚(전 당령) = 0 + 1(겁재) = 1

辛(전 당령) = 5 × (1 + 0.2 × 1) = 6 - 1(비견) = 5

癸(전 당령) = 1 × (1 × 0.2 × 1) = 1.2

⇒ : 편재 = 1.2 (감각형 십성)

　: 편인 = 0.5 (직관형 십성)

⇒ <u>1.2 〉 0.5 : 감각형(S)</u>

4. 직관형 지표(N) 사례

(1) MBTI 성격유형 : ENFP

庚1 申 (庚壬) 0.7, 0.3	癸1 丑 (己辛癸) 0.5, 0.2, 0.3	乙1 巳 (丙庚) 0.7, 0.3	壬1 寅 (甲丙) 0.7, 0.3

甲(부 당령) = 0.7 + 1(상관) = 1.7
乙(부 당령) = 1
丙(0.7 당령) = 1 × (1 + 0.2 × 0.7) = 1.14
己(0.7 당령) = 0.5 × (1 + 0.2 × 0.7) = 0.57
庚(0.3 당령) = 2 × (1 + 0.2 × 0.3) = 2.12
辛(0.3 당령) = 0.2 × (1 + 0.2 × 0.3) = 0.212
壬(0.3 당령) = 1.3 × (1 + 0.2 × 0.3) = 1.378
癸(0.3 당령) = 1.3 × (1 + 0.2 × 0.3) = 1.378 - 1(비견) = 0.378

⇒ : 정재 = 1.14 (감각형 십성)
　: 정인 + 편인 = 2.12 + 0.212 = **2.332 (직관형** 십성)

⇒ **2.332 〉 1.14 : 직관형(N)**

(2) MBTI 성격유형 : INFP

辛1	丁1	丁1	甲1
丑	巳	卯	辰
(己辛癸)	(丙庚)	(乙)	(戊癸乙)
0.5, 0.2, 0.3	0.7, 0.3	1	0.5, 0.2, 0.3

甲(전 당령) = 1 × (1 + 0.2 × 1) = 1.2
乙(전 당령) = 1.3 × (1 + 0.2 × 1) = 1.56
丙(전 당령) = 0.7 × (1 + 0.2 × 1) = 0.84
丁(전 당령) = 2 × (1 + 0.2 × 1) = 2.4 - 1(비견) = 1.4
戊(부 당령) = 0.5
己(부 당령) = 0.5
庚(부 당령) = 0.3
辛(부 당령) = 1.2
壬(부 당령) = 0 + 1(정관) = 1
癸(부 당령) = 0.5

⇒ : 정재 + 편재 = 0.3 + 1.2 = **1.5 (감각형 십성)**
  : 정인 + 편인 = 1.2 + 1.56 = **2.76 (직관형 십성)**

⇒ **2.76 > 1.5 : 직관형(N)**

5. 사고형 지표(T) 사례

(1) MBTI 성격유형 : ENTJ

癸1	甲1	辛1	丁1
酉	辰	亥	酉
(辛)	(戊癸乙)	(壬甲)	(辛)
1	0.5, 0.2, 0.3	0.7, 0.3	1

甲(전 당령) = 1.3 × (1 + 0.2 × 1) = 1.56 − 1(비견) = 0.56
乙(전 당령) = 0.3 × (1 + 0.2 × 1) = 0.36
丁(0.3 당령) = 1 × (1 + 0.2 × 0.3) = 1.06
戊(부 당령) = 0.5 + 1(편재) = 1.5
辛(부 당령) = 3
壬(0.7 당령) = 0.7 × (1 + 0.2 × 0.7) = 0.798
癸(0.7 당령) = 1.2 × (1 + 0.2 × 0.7) = 1.368

⇒ : 정관 = 3 (사고형 십성)
　 : 상관 = 1.06 (감정형 십성)

⇒ **3 〉 1.06 : 사고형(T)**

(2) MBTI 성격유형 : ISTJ

癸1	戊1	甲1	甲1
丑	辰	戌	戌
(己辛癸)	(戊癸乙)	(戊丁辛)	(戊丁辛)
0.5, 0.2, 0.3	0.5, 0.2, 0.3	0.5, 0.2, 0.3	0.5, 0.2, 0.3

甲(부 당령) = 2

乙(부 당령) = 0.3

丙(0.2 당령) = 0 + 1(편인) = 1

丁(0.2 당령) = 0.4 × (1 + 0.2 × 0.2) = 0.416

戊(0.7 당령) = 2.5 × (1 + 0.2 × 0.7) = 2.85 - 1(비견) = 1.85

己(0.7 당령) = 0.5 × (1 + 0.2 × 0.7) = 0.57

辛(0.8 당령) = 0.8 × (1 + 0.2 × 0.8) = 0.928

癸(0.3 당령) = 1.5 × (1 + 0.2 × 0.3) = 1.59

⇒ : 칠살 + 정관 = 2 + 0.3 = **2.3 (사고형 십성)**

　 : 상관 = **0.928 (감정형 십성)**

⇒ **2.3 > 0.928 : 사고형(T)**

6. 감정형 지표(F) 사례

(1) MBTI 성격유형 : ISFP

癸1	己1	丁1	甲1
酉	亥	丑	戌
(辛)	(壬甲)	(己辛癸)	(戊丁辛)
1	0.7, 0.3	0.5, 0.2, 0.3	0.5, 0.2, 0.3

甲(0.3 당령) = 1.3 × (1 + 0.2 × 0.3) = 1.378
丙(부 당령) = 0 + 1(정인) = 1
丁(부 당령) = 1.2
戊(0.5 당령) = 0.5 × (1 + 0.2 × 0.5) = 0.55
己(0.5 당령) = 1.5 × (1 + 0.2 × 0.5) = 1.65 - 1(비견) = 0.65
辛(0.7 당령) = 1.5 × (1 + 0.2 × 0.7) = 1.71
壬(0.5 당령) = 0.7 × (1 + 0.2 × 0.5) = 0.77
癸(0.5 당령) = 1.3 × (1 + 0.2 × 0.5) = 1.43

⇒ : 정관 = 1.378 (사고형 십성)
　: 식신 = 1.71 (감정형 십성)

⇒ 1.71 〉 1.378 : 감정형(F)

7. 판단형 지표(J) 사례

(1) MBTI 성격유형 : ESTJ

1) 십성의 강도로 분석하기

辛1	丁1	壬1	己1
丑	巳	申	未
(己辛癸)	(丙庚)	(庚壬)	(己乙丁)
0.5, 0.2, 0.3	0.7, 0.3	0.7, 0.3	0.5, 0.2, 0.3

乙(0.3 당령) = 0.2 × (1 + 0.2 × 0.3) = 0.212

丙(부 당령) = 0.7

丁(부 당령) = 1.3 - 1(비견) = 0.3

己(부 당령) = 2

庚(0.7 당령) = 1 × (1 + 0.2 × 0.7) = 1.14

辛(0.7 당령) = 1.2 × (1 + 0.2 × 0.7) = 1.368

壬(전 당령) = 1.3 × (1 + 0.2 × 1) = 1.56 + 1(정관) = 2.56

癸(전 당령) = 0.3 × (1 + 0.2 × 1) = 0.36

⇒ : 정재 + 편재 + 정관 + 편관 = 1.14 + 1.368 + 2.56 + 0.36 = **5.428 (판단형** 십성)

: 편인 + 식신 = 0.212 + 2 = 2.212 + **0.8** × {(겁재 + 비견 = 0.7 + 0.3 = 1)} = **3.012 (인식형** 십성)

⇒ 5.428 > 3.012 : 판단형(J)

2) 일간과 십성의 친밀성으로 분석하기

辛0.8	丁1.0	壬0.9	己0.6
丑0.6	巳0.9	申0.6	未0.4
(己辛癸)	(丙庚)	(庚壬)	(己乙丁)
0.5, 0.2, 0.3	0.7, 0.3	0.7, 0.3	0.5, 0.2, 0.3

① 지지 장간 비율 적용

⇒ 천간 : 일간 정관(1.0), 정관(0.9), 편재(0.8), 식신(0.6)
  지지 : 겁재(0.63), 정재(0.27)
    식신(0.3), 칠살(0.18), 편재(0.12)
    정재(0.42), 정관(0.18)
    식신(0.2), 비견(0.12), 편인(0.08)

⇒ : 정관(2.08) + 칠살(0.18) + 편재(0.92) + 정재(0.69) = 3.87 (**판단형** 십성)
  : 식신(1.1) + 편인(0.08) + **0.8** × {겁재(0.63) + 비견(0.12) = 0.75} = **1.78** (**인식형** 십성)

⇒ **3.87 > 1.78 : 판단형(J)**

② 지지 장간 비율 비적용

⇒ : 정관(1.9) + 편재(0.8) + 정재(0.6) = **3.3 (판단형 십성)**
  : 식신(1.6) + **0.8** × {겁재(0.9)} = **2.32 (인식형 십성)**

⇒ **3.3 > 2.32 : 판단형(J)**

....

(2) MBTI 성격유형 : ISTJ

1) 십성의 강도로 분석하기

甲1	庚1	癸1	丁1
申	午	丑	巳
(庚壬)	(丁)	(己辛癸)	(丙庚)
0.7, 0.3	1	0.5, 0.2, 0.3	0.7, 0.3

甲(0.3 당령) = 1 × (1 + 0.2 × 0.3) = 1.06

丙(부 당령) = 0.7

丁(부 당령) = 2

己(0.5 당령) = 0.5 × (1 + 0.2 × 0.5) = 0.55

庚(0.7 당령) = 2 × (1 + 0.2 × 0.7) = 2.28 − 1(비견) + 1(비견)

辛(0.7 당령) = 0.2 × (1 + 0.2 × 0.7) = 0.228

壬(0.5 당령) = 0.3 × (1 + 0.2 × 0.5) = 0.33
癸(0.5 당령) = 1.3 × (1 + 0.2 × 0.5) = 1.43

⇒ : 편재 + 칠살 + 정관 = 1.06 + 0.7 + 2 = **3.76 (판단형 십성)**

: 정인 + 식신 + 상관 = 0.55 + 0.33 + 1.43 = 2.31 + **0.8** × {(비견 + 겁재 = 1.28※ + 0.228 = 1.508)} = **3.5164 (인식형 십성)**

※ 일간 비견은 직접 식신, 상관을 돕거나 재성을 극하는 역할을 하지 못하므로 제외한 값임

⇒ **3.76 > 3.5164 : 판단형(J)**

....

2) 일간과 십성의 친밀성으로 분석하기

甲0.8	庚1.0	癸0.8	丁0.6
申0.6	午0.9	丑0.6	巳0.4
(庚壬)	(丁)	(己辛癸)	(丙庚)
0.7, 0.3	1	0.5, 0.2, 0.3	0.7, 0.3

① **지지 장간 비율 적용**

⇒ 천간 : 일간 비견(1.0), 편재(0.8), 상관(0.8), 정관(0.6)
  지지 : 정관(0.9)
     비견(0.42), 식신(0.18)

정인(0.3), 상관(0.18), 겁재(0.12)

칠살(0.28), 비견(0.12)

⇒ : 정관(1.5) + 편재(0.8) + 칠살(0.28) = **2.58 (판단형 십성)**

 : 상관(0.98) + 정인(0.3) + 식신(0.18) + **0.8** × {비견(0.54)※ + 겁재(0.12)} = **1.988 (인식형 십성)**

※ 일간 비견은 직접 식신, 상관을 돕거나 재성을 극하는 역할을 하지 못하므로 제외한 값임

⇒ <u>**2.58 〉 1.988 : 판단형(J)**</u>

② **지지 장간 비율 비적용**

⇒ : 정관(1.5) + 편재(0.8) + 칠살(0.4) = **2.7 (판단형 십성)**

 : 상관(0.8) + 편인(0.6) + **0.8** × {비견(0.6)}※ = **1.88 (인식형 십성)**

※ 일간 비견은 직접 식신, 상관을 돕거나 재성을 극하는 역할을 하지 못하므로 제외한 값임

⇒ <u>**2.7 〉 1.88 : 판단형(J)**</u>

8. 인식형 지표(P) 사례

(1) MBTI 성격유형 : ESTP

1) 십성의 강도로 분석하기

癸1	癸1	己1	甲1
丑	亥	巳	戌
(己辛癸)	(壬甲)	(丙庚)	(戊丁辛)
0.5, 0.2, 0.3	0.7, 0.3	0.7, 0.3	0.5, 0.2, 0.3

甲(부 당령) = 1.3 + 1(상관) = 2.3

丙(0.7 당령) = 0.7 × (1 + 0.2 × 0.7) = 0.798

丁(0.7 당령) = 0.2 × (1 + 0.2 × 0.7) = 0.228

戊(0.7 당령) = 0.5 × (1 + 0.2 × 0.7) = 0.57

己(0.7 당령) = 1.5 × (1 + 0.2 × 0.7) = 1.71

庚(0.3 당령) = 0.3 × (1 + 0.2 × 0.3) = 0.318

辛(0.3 당령) = 0.5 × (1 + 0.2 × 0.3) = 0.53

壬(0.3 당령) = 0.7 × (1 + 0.2 × 0.3) = 0.742

癸(0.3 당령) = 2.3 × (1 + 0.2 × 0.3) = 2.438 - 1(비견) = 1.438

⇒ : 상관 + 정인 + 편인 = 2.3 + 0.318 + 0.53 = 3.148 + 0.8 × {(겁재 + 비견 = 0.742 + 1.438 = 2.18)} = 4.892 (**인식형** 십성)

: 정재 + 편재 + 정관 + 칠살 = 0.798 + 0.228 + 0.57 + 1.71 = 3.306 (**판단형** 십성)

⇒ **4.892 〉 3.306 : 인식형(P)**

······································

2) 일간과의 십성 친밀성으로 분석하기

癸0.8	癸1.0	己0.8	甲0.6
丑0.6	亥0.9	巳0.6	戌0.4
(己辛癸)	(壬甲)	(丙庚)	(戊丁辛)
0.5, 0.2, 0.3	0.7, 0.3	0.7, 0.3	0.5, 0.2, 0.3

① 지지 장간 비율 적용

⇒ 천간 : 상관(1.6), 비견(0.8), 칠살(0.8)
　지지 : 겁재(0.63), 상관(0.27)
　　　　칠살(0.3), 비견(0.18), 편인(0.12)
　　　　정재(0.42), 정인(0.18)
　　　　정관(0.2), 편인(0.12), 편재(0.08)

⇒ : 상관(1.87) + 편인(0.24) + 정인(0.18) + **0.8** × {비견(0.98) + 겁재(0.63)} = **3.578 (인식형 십성)**
　: 칠살(1.1), 정재(0.42), 정관(0.2), 편재(0.08) = **1.8 (판단형 십성)**

⇒ **3.578 〉 1.8 : 인식형(P)**

② 지지 장간 비율 비적용

⇒ : 상관(1.6) + 0.8 × {겁재(0.9) + 비견(0.8)} = 2.96 (**인식형** 십성)
   : 칠살(1.4) + 정재(0.6) + 정관(0.4) = 2.4 (**판단형** 십성)

⇒ **2.96 〉 2.4 : 인식형(P)**

....

(2) MBTI 성격유형 : INFP

1) 십성의 강도로 분석하기

乙1	癸1	癸1	庚1
卯	酉	未	寅
(乙)	(辛)	(己乙丁)	(甲丙)
1	1	0.5, 0.2, 0.3	0.7, 0.3

甲(0.2 당령) = 0.7 × (1 + 0.2 × 0.2) = 0.728 + 1(상관) = 1.728
乙(0.2 당령) = 2.2 × (1 + 0.2 × 0.2) = 2.288
丙(0.5 당령) = 0.3 × (1 + 0.2 × 0.5) = 0.33
丁(0.5 당령) = 0.3 × (1 + 0.2 × 0.5) = 0.33
己(0.8 당령) = 0.5 × (1 + 0.2 × 0.8) = 0.58
庚(0.5 당령) = 1 × (1 + 0.2 × 0.5) = 1.1
辛(0.5 당령) = 1 × (1 + 0.2 × 0.5) = 1.1

癸(부 당령) = 2 - 1(비견) = 1

⇒ : 상관 + 식신 + 정인 + 편인 = 1.728 + 2.288 + 1.1 + 1.1 =
6.216 + **0.8** × {(비견(1)} = **7.016 (인식형** 십성)

: 칠살 + 정재 + 편재 = 0.58 + 0.33 + 0.33 = **1.24 (판단형** 십성)

⇒ <u>**7.016 〉 1.24 : 인식형(P)**</u>

....

2) 일간과의 십성 친밀성으로 분석하기

乙0.8	癸1.0	癸0.8	庚0.6
卯0.6	酉0.9	未0.6	寅0.4
(乙)	(辛)	(己乙丁)	(甲丙)
1	1	0.5, 0.2, 0.3	0.7, 0.3

① 지지 장간 비율 적용

⇒ 천간 : 일간 상관(1.0), 식신(0.8), 비견(0.8), 정인(0.6)
　지지 : 편인(0.9)
　　　　식신(0.6)
　　　　칠살(0.3), 편재(0.18), 식신(0.12)
　　　　상관(0.28), 정재(0.12)

⇒ : 식신(1.52) + 상관(1.28) + 편인(0.9) + 정인(0.6) + 0.8 × {비견(0.8)} = **4.94 (인식형 십성)**

: 칠살(0.3) + 편재(0.18) + 정재(0.12) = **0.6 (판단형 십성)**

⇒ <u>4.94 > 0.6 : 인식형(P)</u>

② **지지 장간 비율 비적용**

⇒ : 상관(1.4) + 식신(1.4) + 편인(0.9) + 정인(0.6) + 0.8 × {비견(0.8)} = **4.94 (인식형 십성)**

: 칠살(0.6) = **0.6 (판단형 십성)**

⇒ <u>4.94 > 0.6 : 인식형(P)</u>

9. 네 가지 선호지표가 모두 포함된 사례

MBTI 검사를 통해 성격유형을 알고 있는 15명의 사례자와 본 저자가 평소에 옆에서 행동 양식을 지켜본 2명의 가족에 대해 사주로 풀어 MBTI 성격유형을 유추하고, MBTI 검사가 불가한 두 살배기 손주의 특별한 사례를 소개하고자 한다.

(1) MBTI 성격유형 : ESTJ

丙1	丙1	壬1	丁1
申	子	子	酉
(庚壬)	(癸)	(癸)	(辛)
0.7, 0.3	1	1	1

丙(부 당령) = 2 - 1(비견) = 1
丁(부 당령) = 1
庚(부 당령) = 0.7
辛(부 당령) = 1
壬(전 당령) = 1.3 × (1 + 0.2 × 1) = 1.56 + 1(칠살) = 2.56
癸(전 당령) = 2 × (1 + 0.2 × 1) = 2.4

1) E/I 지표

⇒ : 겁재 + 정재 + 정관 = 1 + 1 + 2.4 = **4.4 (외향형 십성)**
　: 비견 + 편재 + 칠살 = 1 + 0.7 + 2.56 = **4.26 (내향형 십성)**

⇒ **4.4 > 4.26 : 외향형(E)**

2) S/N 지표

⇒ : 정재 + 편재 = 1 + 0.7 = **1.7 (감각형 십성)**
　: 정인 + 편인 = **0 (직관형 십성)**

⇒ **1.7 > 0 : 감각형(S)**

3) T/F 지표

⇒ : 칠살 + 정관 = 2.56 + 2.4 = **4.96 (사고형 십성)**
　: 상관 + 식신 = **0 (감정형 십성)**

⇒ **4.96 > 0 : 사고형(T)**

4) J/P 지표

丙0.8	丙1.0	壬0.8	丁0.6
申0.6	子0.9	子0.6	酉0.4
(庚壬)	(癸)	(癸)	(辛)
0.7, 0.3	1	1	1

⇒ 천간 : 일간 칠살(1.0), 비견(0.8), 칠살(0.8), 겁재(0.6)

지지 : 정관(0.9)

편재(0.42), 칠살(0.18)

정관(0.6)

정재(0.4)

⇒ : 칠살 + 정관 + 편재 + 정재 = 1.98 + 1.5 + 0.42 + 0.4 = **4.3**

  (**판단형** 십성)

  : **0.8** × (비견 + 겁재) = **0.8** × (0.8 + 0.6) = **1.12** (**인식형** 십성)

⇒ <u>**4.3 〉 1.12 : 판단형(J)**</u>

▶ 사주로 풀어 낸 MBTI 성격유형 : ESTJ

(2) MBTI 성격유형 : ESFP

癸1	辛1	甲1	丁1
巳	亥	辰	酉
(丙庚)	(壬甲)	(戊癸乙)	(辛)
0.7, 0.3	0.7, 0.3	0.5, 0.2, 0.3	1

甲(0.5 당령) = 1.3 × (1 + 0.2 × 0.5) = 1.43

乙(0.5 당령) = 0.3 × (1 + 0.2 × 0.5) = 0.33

丙(0.3 당령) = 0.7 × (1 + 0.2 × 0.3) = 0.742

丁(0.3 당령) = 1 × (1 + 0.2 × 0.3) = 1.06

戊(0.5 당령) = 0.5 × (1 + 0.2 × 0.5) = 0.55

庚(0.5 당령) = 0.3 × (1 + 0.2 × 0.5) = 0.33 + 1(겁재) = 1.33

辛(0.5 당령) = 2 × (1 + 0.2 × 0.5) = 2.2 - 1(비견) = 1.2

壬(0.2 당령) = 0.7 × (1 + 0.2 × 0.2) = 0.728

癸(0.2 당령) = 1.2 × (1 + 0.2 × 0.2) = 1.248

1) E/I 지표

⇒ : 정재 + 정관 + 정인 + 겁재 + 상관 = 1.43 + 0.742 + 0.55 + 1.33 + 0.728 = **4.78 (외향형 십성)**

: 편재 + 칠살 + 비견 + 식신 = 0.33 + 1.06 + 1.2 + 1.248 = **3.838 (내향형 십성)**

⇒ <u>4.78 〉 3.838 : 외향형(E)</u>

2) S/N 지표

⇒ : 정재 + 편재 = 1.43 + 0.33 = **1.76 (감각형** 십성)
　 : 정인 = **0.55 (직관형** 십성)

⇒ <u>1.76 〉 0.55 : 감각형(S)</u>

3) T/F 지표

⇒ : 정관 + 칠살 = 0.742 + 1.06 = **1.802 (사고형** 십성)
　 : 상관 + 식신 = 0.728 + 1.248 = **1.976 (감정형** 십성)

⇒ <u>1.976 〉 1.802 : 감정형(F)</u>

4) J/P 지표

癸0.8	辛1.0	甲0.8	丁0.6
巳0.6	亥0.9	辰0.6	酉0.4
(丙庚)	(壬甲)	(戊癸乙)	(辛)
0.7, 0.3	0.7, 0.3	0.5, 0.2, 0.3	1

⇒ 천간 : 일간 겁재(1.0), 식신(0.8), 정재(0.8), 칠살(0.6)
  지지 : 상관(0.63), 정재(0.27)
      정관(0.42), 겁재(0.18)
      정인(0.3), 편재(0.18), 식신(0.12)
      비견(0.4)

⇒ : 정재 + 편재 + 칠살 + 정관 = 1.07 + 0.18 + 0.6 + 0.42 = **2.27 (판단형 십성)**
  : **0.8** × (겁재 + 비견) + 식신 + 상관 + 정인 = **0.8** × (0.18* + 0.4) + 0.92 + 0.63 + 0.3 = **2.314 (인식형 십성)**

※ 일간 겁재는 직접 식신, 상관을 돕거나 재성을 극하는 역할을 하지 못하므로 제외한 값임

⇒ **2.314 > 2.27 : 인식형(P)**
▶ **사주로 풀어 낸 MBTI 성격유형 : ESFP**

....

(3) MBTI 성격유형 : ISTJ

癸1	丁1	壬1	癸1
卯	丑	戌	酉
(乙)	(己辛癸)	(戊丁辛)	(辛)
1	0.5, 0.2, 0.3	0.5, 0.2, 0.3	1

乙(부 당령) = 1

丁(0.2 당령) = 1.2 × (1 + 0.2 × 0.2) = 1.248 - 1(비견) = 0.248

戊(0.7 당령) = 0.5 × (1 + 0.2 × 0.7) = 0.57

己(0.7 당령) = 0.5 × (1 + 0.2 × 0.7) = 0.57

辛(0.8 당령) = 1.5 × (1 + 0.2 × 0.8) = 1.74

壬(0.3 당령) = 1 × (1 + 0.2 × 0.3) = 1.06 + 1(정관) = 2.06

癸(0.3 당령) = 2.3 × (1 + 0.2 × 0.3) = 2.438

1) E/I 지표

⇒ : 상관 + 정관 = 0.57 + 2.06 = **2.63 (외향형 십성)**

  : 식신 + 편재 + 칠살 + 편인 + 비견 = 0.57 + 1.74 + 2.438 + 1 + 0.248 = **5.996 (내향형 십성)**

⇒ <u>5.996 〉 2.63 : 내향형(I)</u>

2) S/N 지표

⇒ : 편재 = 1.74 **(감각형 십성)**
  : 편인 = 1 **(직관형 십성)**

⇒ <u>1.74 〉1 : 감각형(S)</u>

3) T/F 지표

⇒ : 정관 + 칠살 = 2.06 + 2.438 = **4.498** (**사고형** 십성)
  : 상관 + 식신 = 0.57 + 0.57 = **1.14** (**감정형** 십성)

⇒ **4.498 〉1.14 : 사고형 (T)**

4) J/P 지표

癸0.8	丁1.0	壬0.9	癸0.6
卯0.6	丑0.9	戌0.6	酉0.4
(乙)	(己辛癸)	(戊丁辛)	(辛)
1	0.5, 0.2, 0.3	0.5, 0.2, 0.3	1

⇒ 천간 : 일간 정관(1.0), 칠살(0.8), 정관(0.9)※, 칠살(0.6)
  지지 : 식신(0.45), 칠살(0.27), 편재(0.18)
    편인(0.6)
    상관(0.3), 편재(0.18), 비견(0.12)
    편재(0.4)

※ 일간과 합으로 0.9를 적용함

⇒ : 정관 + 칠살 + 편재 = 1.9 + 1.67 + 0.76 = **4.33** (**판단형** 십성)

: 편인 + 식신 + 상관 + **0.8** × (비견) = 0.6 + 0.45 + 0.3 + **0.8** × 0.12 = **1.446** (인식형 십성)

⇒ 4.33 〉 1.446 : 판단형(J)
▶ 사주로 풀어 낸 MBTI 성격유형 : ISTJ

(4) MBTI 성격유형 : ISTJ

癸1	丙1	辛1	丁1
巳	戌	亥	巳
(丙庚)	(戊丁辛)	(壬甲)	(丙庚)
0.7, 0.3	0.5, 0.2, 0.3	0.7, 0.3	0.7, 0.3

甲(전 당령) = 0.3 × (1 + 0.2 × 1) = 0.36
丙(0.3 당령) = 2.4 × (1 + 0.2 × 0.3) = 2.544 - 1(비견) = 1.544
丁(0.3 당령) = 1.2 × (1 + 0.2 × 0.3) = 1.272
戊(부 당령) = 0.5
庚(부 당령) = 0.6
辛(부 당령) = 1.3
壬(0.7 당령) = 0.7 × (1 + 0.2 × 0.7) = 0.798 + 1(칠살) = 1.798
癸(0.7 당령) = 1 × (1 + 0.2 × 0.7) = 1.14

1) E/I 지표

⇒ : 겁재 + 정재 + 정관 = 1.272 + 1.3 + 1.14 = **3.712 (외향형** 십성)
  : 편인 + 비견 + 식신 + 편재 + 칠살 = 0.36 + 1.544 + 0.5 + 0.6
  + 1.798 = **4.802 (내향형** 십성)

⇒ **4.802 〉 3.712 : 내향형(I)**

2) S/N 지표

⇒ : 편재 + 정재 = 0.6 + 1.3 = **1.9 (감각형** 십성)
  : 편인 = **0.36 (직관형** 십성)

⇒ **1.9 〉 0.36 : 감각형(S)**

3) T/F 지표

⇒ : 칠살 + 정관 = 1.798 + 1.14 = **2.938 (사고형** 십성)
  : 식신 = **0.5 (감정형** 십성)

⇒ **2.938 〉 0.5 : 사고형(T)**

4) J/P 지표

癸0.8	丙1.0	辛0.9	丁0.6
巳0.6	戌0.9	亥0.6	巳0.4
(丙庚)	(戊丁辛)	(壬甲)	(丙庚)
0.7, 0.3	0.5, 0.2, 0.3	0.7, 0.3	0.7, 0.3

⇒ 천간 : 일간 칠살(1.0), 정관(0.8), 정재(0.9)※, 겁재(0.6)
　지지 : 식신(0.45), 정재(0.27), 겁재(0.18)
　　　　비견(0.42), 편재(0.18)
　　　　칠살(0.42), 편인(0.18)
　　　　비견(0.28), 편재(0.12)

※ 일간과의 합으로 0.9를 적용하였음

⇒ : 칠살 + 정관 + 정재 + 편재 = 1.42 + 0.8 + 1.17 + 0.3 = **3.69**
　(**판단형** 십성)
　: 0.8 × (겁재 + 비견) + 식신 + 편인 = **0.8** × (0.78 + 0.7) +
　0.45 + 0.18 = **1.814** (**인식형** 십성)

⇒ **3.69 〉 1.814** : **판단형(J)**
▶ **사주로 풀어 낸 MBTI 성격유형 : ISTJ**

(5) MBTI 성격유형 : ESTP

庚1	辛1	丁1	甲1
寅	酉	丑	戌
(甲丙)	(辛)	(己辛癸)	(戊丁辛)
0.7, 0.3	1	0.5, 0.2, 0.3	0.5, 0.2, 0.3

甲(0.3 당령) = 1.7 × (1 + 0.2 × 0.3) = 1.802

丙(부 당령) = 0.3

丁(부 당령) = 1.2

戊(0.5 당령) = 0.5 × (1 + 0.2 × 0.5) = 0.55

己(0.5 당령) = 0.5 × (1 + 0.2 × 0.5) = 0.55

庚(0.7 당령) = 1 × (1 + 0.2 × 0.7) = 1.14 + 1(겁재) = 2.14

辛(0.7 당령) = 2.5 × (1 + 0.2 × 0.7) = 2.85 - 1(비견) = 1.85

癸(0.5 당령) = 0.3 × (1 + 0.2 × 0.5) = 0.33

1) E/I 지표

⇒ : 정재 + 정관 + 정인 + 겁재 = 1.802 + 0.3 + 0.55 + 2.14 = **4.792 (외향형** 십성)

: 칠살 + 편인 + 비견 + 식신 = 1.2 + 0.55 + 1.85 + 0.33 = **3.93 (내향형** 십성)

⇒ **4.792 〉 3.93 : 외향형(E)**

2) S/N 지표

⇒ : 정재 = 1.802 (감각형 십성)
　 : 정인 + 편인 = 0.55 + 0.55 = 1.1 (**직관형** 십성)

⇒ **1.802 〉 1.1 : 감각형(S)**

3) T/F 지표

⇒ : 정관 + 칠살 = 0.3 + 1.2 = 1.5 (사고형 십성)
　 : 식신 = **0.33 (감정형 십성)**

⇒ **1.5 〉 0.33 : 사고형(T)**

4) J/P 지표

庚0.8	辛1.0	丁0.8	甲0.6
寅0.6	酉0.9	丑0.6	戌0.4
(甲丙)	(辛)	(己辛癸)	(戊丁辛)
0.7, 0.3	1	0.5, 0.2, 0.3	0.5, 0.2, 0.3

⇒ 천간 : 일간 겁재(1.0), 겁재(0.8), 칠살(0.8), 정재(0.6)
　 지지 : 비견(0.9)
　　　　 정재(0.42), 정관(0.18)

편인(0.3), 식신(0.18), 비견(0.12)
정인(0.2), 비견(0.12), 칠살(0.08)

⇒ : 칠살 + 정관 + 정재 = 0.88 + 0.18 + 1.02 = **2.08 (판단형** 십성)
: **0.8** × (겁재 + 비견) + 편인 + 정인 + 식신 = **0.8** × (0.8※ + 1.14) + 0.3 + 0.2 + 0.18 = **2.232 (인식형** 십성)

※ 일간 겁재는 직접 식신, 상관을 돕거나 재성을 극하는 역할을 하지 못하므로 제외한 값임

⇒ **2.232 > 2.08 : 인식형(P)**

▶ **사주로 풀어 낸 MBTI 성격유형 : ESTP**

(6) MBTI 성격유형 : ISFP

乙1	辛1	辛1	癸1
未	酉	酉	酉
(己乙丁)	(辛)	(辛)	(辛)
0.5, 0.2, 0.3	1	1	1

乙(부 당령) = 1.2
丁(부 당령) = 0.3
己(부 당령) = 0.5
庚(전 당령) = 0 + 1(겁재) = 1

辛(전 당령) = 5 × (1 + 0.2 × 1) = 6 - 1(비견) = 5
癸(전 당령) = 1 × (1 × 0.2 × 1) = 1.2

1) E/I 지표

⇒ : 겁재 = 1 (외향성 십성)
 : 편재 + 칠살 + 편인 + 비견 + 식신 = 1.2 + 0.3 + 0.5 + 5 + 1.2
 = 8.2 (내향성 십성)

⇒ <u>8.2 〉 1 : 내향성(I)</u>

2) S/N 지표

⇒ : 편재 = 1.2 (감각형 십성)
 : 편인 = 0.5 (직관형 십성)

⇒ <u>1.2 〉 0.5 : 감각형(S)</u>

3) T/F 지표

⇒ : 칠살 = 0.3 (사고형 십성)
 : 식신 = 1.2 (감정형 십성)

⇒ <u>1.2 〉 0.3 : 감정형(F)</u>

4) J/P 지표

乙0.8	辛1.0	辛0.8	癸0.6
未0.6	酉0.9	酉0.6	酉0.4
(己乙丁)	(辛)	(辛)	(辛)
0.5, 0.2, 0.3	1	1	1

⇒ 천간 : 일간 겁재(1.0), 편재(0.8), 비견(0.8), 식신(0.6)
　지지 : 비견(0.9)
　　　　편인(0.3), 칠살(0.18), 편재(0.12)
　　　　비견(0.6)
　　　　비견(0.4)

⇒ : 편재 + 칠살 = 0.92 + 0.18 = 1.1 (**판단형** 십성)
　: **0.8** × (비견 + 겁재) + 식신 + 편인 = **0.8** × (2.7 + 0※) + 0.6
　+ 0.3 = **3.06** (**인식형** 십성)

※ 일간 겁재는 직접 식신, 상관을 돕거나 재성을 극하는 역할을 하지 못하므로 제외한 값임

⇒ 3.06 〉 1.1 : 인식형(P)
▶ **사주로 풀어 낸 MBTI 성격유형 : ISFP**

(7) MBTI 성격유형 : ENFP

庚1 申 (庚壬) 0.7, 0.3	癸1 丑 (己辛癸) 0.5, 0.2, 0.3	乙1 巳 (丙庚) 0.7, 0.3	壬1 寅 (甲丙) 0.7, 0.3

甲(부 당령) = 0.7 + 1(상관) = 1.7

乙(부 당령) = 1

丙(0.7 당령) = 1 × (1 + 0.2 × 0.7) = 1.14

己(0.7 당령) = 0.5 × (1 + 0.2 × 0.7) = 0.57

庚(0.3 당령) = 2 × (1 + 0.2 × 0.3) = 2.12

辛(0.3 당령) = 0.2 × (1 + 0.2 × 0.3) = 0.212

壬(0.3 당령) = 1.3 × (1 + 0.2 × 0.3) = 1.378

癸(0.3 당령) = 1.3 × (1 + 0.2 × 0.3) = 1.378 - 1(비견) = 0.378

1) E/I 지표

⇒ : 상관 + 정재 + 정인 + 겁재 = 1.7 + 1.14 + 2.12 + 1.378 =
  6.338 (**외향형** 십성)

  : 식신 + 칠살 + 편인 + 비견 = 1 + 0.57 + 0.212 + 0.378 =
  2.16 (**내향형** 십성)

⇒ <u>6.338 〉 2.16 : **외향형(E)**</u>

2) S/N 지표

⇒ : 정재 = **1.14 (감각형** 십성)
 : 정인 + 편인 = 2.12 + 0.212 = **2.332 (직관형** 십성)

⇒ **2.332 〉1.14 : 직관형(N)**

3) T/F 지표

⇒ : 칠살 = **0.57 (사고형** 십성)
 : 상관 + 식신 = 1.7 + 1 = **2.7 (감정형** 십성)

⇒ **2.7 〉0.57 : 감정형(F)**

4) J/P 지표

庚0.8	癸1.0	乙0.8	壬0.6
申0.6	丑0.9	巳0.6	寅0.4
(庚壬)	(己辛癸)	(丙庚)	(甲丙)
0.7, 0.3	0.5, 0.2, 0.3	0.7, 0.3	0.7, 0.3

⇒ 천간 : 일간 상관(1.0), 정인(0.8), 식신(0.8), 겁재(0.6)
 지지 : 칠살(0.45), 비견(0.27), 편인(0.18)

정인(0.42), 겁재(0.18)

정재(0.42), 정인(0.18)

상관(0.28), 정재(0.12)

⇒ : 칠살 + 정재 = 0.45 + 0.54 = **0.99** (**판단형** 십성)

: 상관 + 식신 + 정인 + 편인 + **0.8** × (겁재 + 비견) = 1.28 + 0.8 + 1.4 + 0.18 + **0.8** × (0.78 + 0.27) = **4.5** (**인식형** 십성)

⇒ **4.5 〉 0.99** : 인식형(P)

▶ 사주로 풀어 낸 MBTI 성격유형 : ENFP

(8) MBTI 성격유형 : INFP

辛1	丁1	丁1	甲1
丑	巳	卯	辰
(己辛癸)	(丙庚)	(乙)	(戊癸乙)
0.5, 0.2, 0.3	0.7, 0.3	1	0.5, 0.2, 0.3

甲(전 당령) = 1 × (1 + 0.2 × 1) = 1.2

乙(전 당령) = 1.3 × (1 + 0.2 × 1) = 1.56

丙(전 당령) = 0.7 × (1 + 0.2 × 1) = 0.84

丁(전 당령) = 2 × (1 + 0.2 × 1) = 2.4 - 1(비견) = 1.4

戊(부 당령) = 0.5
己(부 당령) = 0.5
庚(부 당령) = 0.3
辛(부 당령) = 1.2
壬(부 당령) = 0 + 1(정관) = 1
癸(부 당령) = 0.5

1) E/I 지표

⇒ : 정인 + 겁재 + 상관 + 정재 + 정관 = 1.2 + 0.84 + 0.5 + 0.3 + 1 = **3.84 (외향형 십성)**
: 편인 + 비견 + 식신 + 편재 + 칠살 = 1.56 + 1.4 + 0.5 +1.2 + 0.5 = **5.16 (내향형 십성)**

⇒ **5.16 〉 3.84 : 내향형(I)**

2) S/N 지표

⇒ : 정재 + 편재 = 0.3 + 1.2 = **1.5 (감각형 십성)**
: 정인 + 편인 = 1.2 + 1.56 = **2.76 (직관형 십성)**

⇒ **2.76 〉 1.5 : 직관형(N)**

3) T/F 지표

⇒ : 정관 + 칠살 = 1 + 0.5 = **1.5** (**사고형** 십성)
  : 상관 + 식신 = 0.5 + 0.5 = **1.0** (**감정형** 십성)

⇒ <u>1.5 〉 1.0 : 사고형(T)</u>

4) J/P 지표

辛0.8	丁1.0	丁0.8	甲0.6
丑0.6	巳0.9	卯0.6	辰0.4
(己辛癸)	(丙庚)	(乙)	(戊癸乙)
0.5, 0.2, 0.3	0.7, 0.3	1	0.5, 0.2, 0.3

⇒ 천간 : 일간 정관(1.0), 편재(0.8), 비견(0,8), 정인(0.6)
  지지 : 겁재(0.63), 정재(0.27)
        식신(0.3), 칠살(0.18), 편재(0.12)
        편인(0.6)
        상관(0.2), 편인(0.12), 칠살(0.08)

⇒ : 정관 + 칠살 + 편재 + 정재 = 1.0 + 0.26 + 0.92 + 0.27 = **2.45**
   (**판단형** 십성)

: 0.8 × (비견 + 겁재) + 편인 + 정인 + 식신 + 상관 = 0.8 ×
(0.8 + 0.63) + 0.72 + 0.6 + 0.3 + 0.2 = **2.964 (인식형** 십성)

⇒ **2.964 〉2.45 : 인식형(P)**
▶ **사주로 풀어 낸 MBTI 성격유형 : INTP**

※ 일간 심리 특성인 정관의 비중이 매우 크고, 일간과 십성 간의 친밀도 산정 결과도 관성이 식신과 상관의 합산 점수보다 높게 나오므로, 본 저자가 판단하기에는 감정형(F)이 아닌 사고형(T)일 가능성이 큼.

....

(9) MBTI 성격유형 : ENTJ

癸1	甲1	辛1	丁1
酉	辰	亥	酉
(辛)	(戊癸乙)	(壬甲)	(辛)
1	0.5, 0.2, 0.3	0.7, 0.3	1

甲(전 당령) = 1.3 × (1 + 0.2 × 1) = 1.56 − 1(비견) = 0.56
乙(전 당령) = 0.3 × (1 + 0.2 × 1) = 0.36
丁(0.3 당령) = 1 × (1 + 0.2 × 0.3) = 1.06
戊(부 당령) = 0.5 + 1(편재) = 1.5
辛(부 당령) = 3
壬(0.7 당령) = 0.7 × (1 + 0.2 × 0.7) = 0.798

癸(0.7 당령) = 1.2 × (1 + 0.2 × 0.7) = 1.368

1) E/I 지표

⇒ : 겁재 + 상관 + 정관 + 정인 = 0.36 + 1.06 + 3 + 1.368 = **5.788 (외향형 십성)**
: 비견 + 편재 + 편인 = 0.56 + 1.5 + 0.798 = **2.858 (내향형 십성)**

⇒ **5.788 〉 2.858 : 외향형(E)**

2) S/N 지표

⇒ : 편재 = **1.5 (감각형 십성)**
: 정인 + 편인 = 1.368 + 0.798 = **2.166 (직관형 십성)**

⇒ **2.166 〉 1.5 : 직관형(N)**

3) T/F 지표

⇒ : 정관 = **3 (사고형 십성)**
: 상관 = **1.06 (감정형 십성)**

⇒ **3 〉 1.06 : 사고형(T)**

4) J/P 지표

癸0.8	甲1.0	辛0.8	丁0.6
酉0.6	辰0.9	亥0.6	酉0.4
(辛)	(戊癸乙)	(壬甲)	(辛)
1	0.5, 0.2, 0.3	0.7, 0.3	1

⇒ 천간 : 일간 편재(1.0), 정인(0.8), 정관(0.8), 상관(0.6)
　지지 : 편재(0.45), 겁재(0.27), 정인(0.18)
　　　　정관(0.6)
　　　　편인(0.42), 비견(0.18)
　　　　정관(0.4)

⇒ : 정관 + 편재 = 1.8 + 1.45 = **3.25 (판단형 십성)**
　 : 정인 + 편인 + 상관 + **0.8** × (겁재 + 비견) = 0.98 + 0.42 + 0.6 + **0.8** × 0.45 = **2.36 (인식형 십성)**

⇒ <u>3.25 〉 2.36 : 판단형(J)</u>
▶ 사주로 풀어 낸 MBTI 성격유형 : ENTJ

(10) MBTI 성격유형 : ISTJ

癸1	戊1	甲1	甲1
丑	辰	戌	戌
(己辛癸)	(戊癸乙)	(戊丁辛)	(戊丁辛)
0.5, 0.2, 0.3	0.5, 0.2, 0.3	0.5, 0.2, 0.3	0.5, 0.2, 0.3

甲(부 당령) = 2

乙(부 당령) = 0.3

丙(0.2 당령) = 0 + 1(편인) = 1

丁(0.2 당령) = 0.4 × (1 + 0.2 × 0.2) = 0.416

戊(0.7 당령) = 2.5 × (1 + 0.2 × 0.7) = 2.85 - 1(비견) = 1.85

己(0.7 당령) = 0.5 × (1 + 0.2 × 0.7) = 0.57

辛(0.8 당령) = 0.8 × (1 + 0.2 × 0.8) = 0.928

癸(0.3 당령) = 1.5 × (1 + 0.2 × 0.3) = 1.59

1) E/I 지표

⇒ : 정관 + 정인 + 겁재 + 상관 + 정재 = 0.3 + 0.416 + 0.57 + 0.928 + 1.59 = **3.804 (외향성 십성)**

  : 칠살 + 편인 + 비견 = 2 + 1 + 1.85 = **4.85 (내향성 십성)**

⇒ <u>4.85 〉 3.804 : **내향형(I)**</u>

2) S/N 지표

⇒ : 정재 = 1.59 (감각형 십성)
   : 편인 + 정인 = 1 + 0.416 = 1.416 (직관형 십성)

⇒ **1.59 〉 1.416 : 감각형(S)**

3) T/F 지표

⇒ : 칠살 + 정관 = 2 + 0.3 = 2.3 (사고형 십성)
   : 상관 = 0.928 (감정형 십성)

⇒ **2.3 〉 0.928 : 사고형(T)**

4) J/P 지표

癸0.9	戊1.0	甲0.8	甲0.6
丑0.6	辰0.9	戌0.6	戌0.4
(己辛癸)	(戊癸乙)	(戊丁辛)	(戊丁辛)
0.5, 0.2, 0.3	0.5, 0.2, 0.3	0.5, 0.2, 0.3	0.5, 0.2, 0.3

천간 : 일간 편인(1.0), 정재(0.9)*, 칠살(0.8), 칠살(0.6)
지지 : 비견(0.45), 정관(0.27), 정재(0.18)

겁재(0.3), 정재(0.18), 상관(0.12)
비견(0.3), 상관(0.18), 정인(0.12)
비견(0.2), 상관(0.12), 정인(0.08)

※ 일간과 합을 하므로 0.9를 적용함

⇒ : 칠살 + 정관 + 정재 = 1.4 + 0.27 + 1.26 = **2.93 (판단형** 십성)
: 편인 + 정인 + 상관 + **0.8** × (비견 + 겁재) = 1.0 + 0.2 + 0.42 + **0.8** × (0.95 + 0.3) = **2.62 (인식형** 십성)

⇒ **2.93 > 2.62 : 판단형(J)**
▶ **사주로 풀어 낸 MBTI 성격유형 : ISTJ**

....

(11) MBTI 성격유형 : ISFP

癸1	己1	丁1	甲1
酉	亥	丑	戌
(辛)	(壬甲)	(己辛癸)	(戊丁辛)
1	0.7, 0.3	0.5, 0.2, 0.3	0.5, 0.2, 0.3

甲(0.3 당령) = 1.3 × (1 + 0.2 × 0.3) = 1.378
丙(부 당령) = 0 + 1(정인) = 1

丁(부 당령) = 1.2

戊(0.5 당령) = 0.5 × (1 + 0.2 × 0.5) = 0.55

己(0.5 당령) = 1.5 × (1 + 0.2 × 0.5) = 1.65 - 1(비견) = 0.65

辛(0.7 당령) = 1.5 × (1 + 0.2 × 0.7) = 1.71

壬(0.5 당령) = 0.7 × (1 + 0.2 × 0.5) = 0.77

癸(0.5 당령) = 1.3 × (1 + 0.2 × 0.5) = 1.43

1) E/I 지표

⇒ : 정관 + 정인 + 겁재 + 정재 = 1.378 + 1 + 0.55 + 0.77 = **3.698 (외향형 십성)**

　: 편인 + 비견 + 식신 + 편재 = 1.2 + 0.65 + 1.71 + 1.43 = **4.99 (내향형 십성)**

⇒ **4.99 〉 3.698 : 내향형(I)**

2) S/N 지표

⇒ : 편재 + 정재 = 1.43 + 0.77 = **2.2 (감각형 십성)**

　: 정인 + 편인 = 1 + 1.2 = **2.2 (직관형 십성)**

⇒ **2.2 = 2.2 : 감각형(S) = 직관형(N)**

※ 십성의 강도 산정에서는 같은 값이 나왔으나, 일간과 십성 간의 친밀도 산정 결과는 인성이 높게 나오고 또한 일간의 십성 특성인 정인의 영향이 크므로 본 저자가 판단하기는 직관형(N)의 가능성이 큼.

3) T/F 지표

⇒ : 정관 = 1.378 (사고형 십성)
   : 식신 = 1.71 (감정형 십성)

⇒ <u>1.71 > 1.378 : 감정형(F)</u>

4) J/P 지표

癸0.8	己1.0	丁0.8	甲0.6
酉0.6	亥0.9	丑0.6	戌0.4
(辛)	(壬甲)	(己辛癸)	(戊丁辛)
1	0.7, 0.3	0.5, 0.2, 0.3	0.5, 0.2, 0.3

⇒ 천간 : 일간 정인(1.0), 편재(0.8), 편인(0.8), 정관(0.6)
   지지 : 정재(0.63), 정관(0.27)
      식신(0.6)
      비견(0.3), 편재(0.18), 식신(0.12)
      겁재(0.2), 식신(0.12), 편인(0.08)

⇒ : 편재 + 정재 + 정관 = 0.98 + 0.63 + 0.87 = **2.48 (판단형** 십성)

: 정인 + 편인 + 식신 + **0.8** × (비견 + 겁재) = 1.0 + 0.88 + 0.84 + **0.8** × (0.3 + 0.2) = **3.12 (인식형** 십성)

⇒ **3.12 〉 2.48 : 인식형(P)**

▶ 사주로 풀어 낸 MBTI 성격유형 : IS(N)FP

....

(12) MBTI 성격유형 : ESTJ

辛1	丁1	壬1	己1
丑	巳	申	未
(己辛癸)	(丙庚)	(庚壬)	(己乙丁)
0.5, 0.2, 0.3	0.7, 0.3	0.7, 0.3	0.5, 0.2, 0.3

乙(0.3 당령) = 0.2 × (1 + 0.2 × 0.3) = 0.212

丙(부 당령) = 0.7

丁(부 당령) = 1.3 − 1(비견) = 0.3

己(부 당령) = 2

庚(0.7 당령) = 1 × (1 + 0.2 × 0.7) = 1.14

辛(0.7 당령) = 1.2 × (1 + 0.2 × 0.7) = 1.368

壬(전 당령) = 1.3 × (1 + 0.2 × 1) = 1.56 + 1(정관) = 2.56

癸(전 당령) = 0.3 × (1 + 0.2 × 1) = 0.36

1) E/I 지표

⇒ : 겁재 + 정재 + 정관 = 0.7 + 1.14 + 2.56 = **4.4 (외향형 십성)**
　: 편인 + 비견 + 식신 + 편재 + 칠살 = 0.212 + 0.3 + 2 + 1.368 + 0.36 = **4.24 (내향형 십성)**

⇒ **4.4 > 4.24 : 외향형(E)**

2) S/N 지표

⇒ : 정재 + 편재 = 1.14 + 1.368 = **2.508 (감각형 십성)**
　: 편인 = **0.212 (직관형 십성)**

⇒ **2.508 > 0.212 : 감각형(S)**

3) T/F 지표

⇒ : 정관 + 칠살 = 2.56 + 0.36 = **2.92 (사고형 십성)**
　: 식신 = **2 (감정형 십성)**

⇒ **2.92 > 2 : 사고형(T)**

4) J/P 지표

辛0.8	丁1.0	壬0.9	己0.6
丑0.6	巳0.9	申0.6	未0.4
(己辛癸)	(丙庚)	(庚壬)	(己乙丁)
0.5, 0.2, 0.3	0.7, 0.3	0.7, 0.3	0.5, 0.2, 0.3

⇒ 천간 : 일간 정관(1.0), 편재(0.8), 정관(0.9)※, 식신(0.6)
  지지 : 겁재(0.63), 정재(0.27)
    식신(0.3), 칠살(0.18), 편재(0.12)
    정재(0.42), 정관(0.18)
    식신(0.2), 비견(0.12), 편인(0.08)

※ 일간과 합을 하므로 0.9를 적용함

⇒ : 정관 + 칠살 + 편재 + 정재 = 2.08 + 0.18 + 0.92 + 0.69 = **3.87** (**판단형** 십성)
  : 식신 + 편인 + **0.8** × (겁재 + 비견) = 1.1 + 0.08 + **0.8** × (0.63 + 0.12) = **1.78** (**인식형** 십성)

⇒ **3.87 〉 1.78 : 판단형(J)**
▶ **사주로 풀어 낸 MBTI 성격유형 : ESTJ**

(13) MBTI 성격유형 : ISTJ

甲1	庚1	癸1	丁1
申	午	丑	巳
(庚壬)	(丁)	(己辛癸)	(丙庚)
0.7, 0.3	1	0.5, 0.2, 0.3	0.7, 0.3

甲(0.3 당령) = 1 × (1 + 0.2 × 0.3) = 1.06

丙(부 당령) = 0.7

丁(부 당령) = 2

己(0.5 당령) = 0.5 × (1 + 0.2 × 0.5) = 0.55

庚(0.7 당령) = 2 × (1 + 0.2 × 0.7)
            = 2.28 - 1(비견) + 1(비견) = 2.28

辛(0.7 당령) = 0.2 × (1 + 0.2 × 0.7) = 0.228

壬(0.5 당령) = 0.3 × (1 + 0.2 × 0.5) = 0.33

癸(0.5 당령) = 1.3 × (1 + 0.2 × 0.5) = 1.43

1) E/I 지표

⇒ : 정관 + 정인 + 겁재 + 상관 = 2 + 0.55 + 0.228 + 1.43 = **4.208 (외향형** 십성)

  : 편재 + 칠살 + 비견 + 식신 = 1.06 + 0.7 + 2.28 + 0.33 = **4.37 (내향형** 십성)

⇒ <u>4.37 〉4.208 : 내향형(I)</u>

2) S/N 지표

⇒ : 편재 = 1.06 (감각형 십성)
　: 정인 = 0.55 (직관형 십성)

⇒ <u>1.06 〉0.55 : 감각형(S)</u>

3) T/F 지표

⇒ : 칠살 + 정관 = 0.7 + 2 = **2.7 (사고형 십성)**
　: 식신 + 상관 = 0.33 + 1.43 = **1.76 (감정형 십성)**

⇒ <u>2.7 〉1.76 : 사고형(T)</u>

4) J/P 지표

甲0.8	庚1.0	癸0.8	丁0.6
申0.6	午0.9	丑0.6	巳0.4
(庚壬)	(丁)	(己辛癸)	(丙庚)
0.7, 0.3	1	0.5, 0.2, 0.3	0.7, 0.3

⇒ 천간 : 일간 비견(1.0), 편재(0.8), 상관(0.8), 정관(0.6)
　지지 : 정관(0.9)
　　　　비견(0.42), 식신(0.18)
　　　　정인(0.3), 상관(0.18), 겁재(0.12)
　　　　칠살(0.28), 비견(0.12)

⇒ : 정관 + 칠살 + 편재 = 1.5 + 0.28 + 0.8 = **2.58 (판단형** 십성)
　: **0.8** × (비견 + 겁재) + 상관 + 식신 + 정인 = **0.8** × (0.54※ + 0.12) + 0.98 + 0.18 + 0.3 = **1.988 (인식형** 십성)

※ 일간 비견은 직접 식신, 상관을 돕거나 재성을 극하는 역할을 하지 못하므로 제외한 값임

⇒ 2.58 > 1.988 : **판단형(J)**
▶ 사주로 풀어 낸 MBTI 성격유형 : ISTJ

....

(14) MBTI 성격유형 : ESTP

癸1	癸1	己1	甲1
丑	亥	巳	戌
(己辛癸)	(壬甲)	(丙庚)	(戊丁辛)
0.5, 0.2, 0.3	0.7, 0.3	0.7, 0.3	0.5, 0.2, 0.3

甲(부 당령) = 1.3 + 1(상관) = 2.3

丙(0.7 당령) = 0.7 × (1 + 0.2 × 0.7) = 0.798

丁(0.7 당령) = 0.2 × (1 + 0.2 × 0.7) = 0.228

戊(0.7 당령) = 0.5 × (1 + 0.2 × 0.7) = 0.57

己(0.7 당령) = 1.5 × (1 + 0.2 × 0.7) = 1.71

庚(0.3 당령) = 0.3 × (1 + 0.2 × 0.3) = 0.318

辛(0.3 당령) = 0.5 × (1 + 0.2 × 0.3) = 0.53

壬(0.3 당령) = 0.7 × (1 + 0.2 × 0.3) = 0.742

癸(0.3 당령) = 2.3 × (1 + 0.2 × 0.3) = 2.438 - 1(비견) = 1.438

1) E/I 지표

⇒ : 상관 + 정재 + 정관 + 정인 + 겁재 = 2.3 + 0.798 + 0.57 + 0.318 + 0.742 = **4.728 (외향형** 십성)

: 편재 + 칠살 + 편인 + 비견 = 0.228 + 1.71 + 0.53 + 1.438 = **3.906 (내향형** 십성)

⇒ **4.728 〉 3.906 : 외향형(E)**

2) S/N 지표

⇒ : 정재 + 편재 = 0.798 + 0.228 = **1.026 (감각형** 십성)

: 정인 + 편인 = 0.318 + 0.53 = **0.848 (직관형** 십성)

⇒ **1.006 〉0.848 : 감각형(S)**

3) T/F 지표

⇒ : 정관 + 칠살 = 0.57 + 1.71 = **2.28 (사고형 십성)**
　 : 상관 = **2.3 (감정형 십성)**

⇒ **2.3 〉2.28 : 감정형(F)**

※ 감정형(F)을 합산한 값과 사고형(T)을 합산한 값이 거의 같아 판정하기가 애매하며,
　MBTI 검사에서도 선호도 값이 유사할 것으로 추정됨.

4) J/P 지표

癸0.8	癸1.0	己0.8	甲0.6
丑0.6	亥0.9	巳0.6	戌0.4
(己辛癸)	(壬甲)	(丙庚)	(戊丁辛)
0.5, 0.2, 0.3	0.7, 0.3	0.7, 0.3	0.5, 0.2, 0.3

⇒ 천간 : 일간 상관(1.0), 비견(0.8), 칠살(0.8), 상관(0.6)
　 지지 : 겁재(0.63), 상관(0.27)
　　　　 칠살(0.3), 비견(0.18), 편인(0.12)
　　　　 정재(0.42), 정인(0.18)
　　　　 정관(0.2), 편인(0.12), 편재(0.08)

⇒ : 칠살 + 정관 + 정재 + 편재 = 1.1 + 0.2 + 0.42 + 0.08 = **1.8**
   (판단형 십성)
   : 상관 + 편인 + 정인 + **0.8** × (비견 + 겁재) = 1.87 + 0.24 +
   0.18 + **0.8** × (0.98 + 0.63) = **3.578 (인식형 십성)**

⇒ **3.578 〉 1.8 : 인식형(P)**
▶ 사주로 풀어 낸 MBTI 성격유형 : ESF(T)P

....

(15) MBTI 성격유형 : INFP

乙1	癸1	癸1	庚1
卯	酉	未	寅
(乙)	(辛)	(己乙丁)	(甲丙)
1	1	0.5, 0.2, 0.3	0.7, 0.3

甲(0.2 당령) = 0.7 × (1 + 0.2 × 0.2) = 0.728 + 1(상관) = 1.728
乙(0.2 당령) = 2.2 × (1 + 0.2 × 0.2) = 2.288
丙(0.5 당령) = 0.3 × (1 + 0.2 × 0.5) = 0.33
丁(0.5 당령) = 0.3 × (1 + 0.2 × 0.5) = 0.33
己(0.8 당령) = 0.5 × (1 + 0.2 × 0.8) = 0.58
庚(0.5 당령) = 1 × (1 + 0.2 × 0.5) = 1.1
辛(0.5 당령) = 1 × (1 + 0.2 × 0.5) = 1.1
癸(부 당령) = 2 - 1(비견) = 1

1) E/ I 지표

⇒ : 상관 + 정재 + 정인 = 1.728 + 0.33 + 1.1 = **3.158 (외향형** 십성)
  : 식신 + 편재 + 칠살 + 편인 + 비견 = 2.288 + 0.33 + 0.58 + 1.1 + 1 = **5.298 (내향형** 십성)

⇒ <u>5.298 〉 3.158 : 내향형(I)</u>

2) S/N 지표

⇒ : 정재 + 편재 = 0.33 + 0.33 = **0.66 (감각형** 십성)
  : 정인 + 편인 = 1.1 + 1.1 = **2.2 (직관형** 십성)

⇒ <u>2.2 〉 0.66 : 직관형(N)</u>

3) T/F 지표

⇒ : 칠살 = **0.58 (사고형** 십성)
  : 상관 + 식신 = 1.728 + 2.288 = **4.016 (감정형** 십성)

⇒ <u>4.016 〉 0.58 : 감정형(F)</u>

4) J/P 지표

乙0.8	癸1.0	癸0.8	庚0.6
卯0.6	酉0.9	未0.6	寅0.4
(乙)	(辛)	(己乙丁)	(甲丙)
1	1	0.5, 0.2, 0.3	0.7, 0.3

⇒ 천간 : 일간 상관(1.0), 식신(0.8), 비견(0.8), 정인(0.6)
　지지 : 편인(0.9)
　　　　식신(0.6)
　　　　칠살(0.3), 편재(0.18), 식신(0.12)
　　　　상관(0.28), 정재(0.12)

⇒ : 칠살(0.3) + 편재(0.18) + 정재(0.12) = **0.6 (판단형 십성)**
　 : 식신(1.52) + 상관(1.28) + 편인(0.9) + 정인(0.6) + **0.8** × 비견(0.8) = **4.94 (인식형 십성)**

⇒ **4.94 〉 0.6 : 인식형(P)**
▶ 사주로 풀어 낸 MBTI 성격유형 : INFP

······························

추가사례 (1) MBTI 성격유형 : ISTJ

본 사례는 저자가 심리적 성향을 누구보다 잘 알고 있는 두 자녀의 사주 심리 분석을 통해 MBTI 검사 결과와 비교, 검토하고자 한다.

癸1	乙1	辛1	癸1
未	丑	酉	亥
(己乙丁)	(己辛癸)	(辛)	(壬甲)
0.5, 0.2, 0.3	0.5, 0.2, 0.3	1	0.7, 0.3

甲(부 당령) = 0.3

乙(부 당령) = 1.2 − 1(비견) = 0.2

丁(부 당령) = 0.3

戊(부 당령) = 0 + 1(정재)

己(부 당령) = 1

辛(전 당령) = 2.2 × (1 + 0.2 × 1) = 2.64

壬(전 당령) = 0.7 × (1 + 0.2 × 1) = 0.84

癸(전 당령) = 2.3 × (1 + 0.2 × 1) = 2.76

1) E/I 지표

⇒ : 겁재 + 정재 + 정인 = 0.3 + 1 + 0.84 = **2.14 (외향형** 십성)

 : 비견 + 식신 + 편재 + 칠살 + 편인 = 0.2 + 0.3 + 1 + 2.64 + 2.76

  = 6.9 (**내향형** 십성)

⇒ <u>6.9 〉 2.14 : **내향형(I)**</u>

2) S/N 지표

⇒ : 정재 + 편재 = 1 + 1 = 2 (감각형 십성)
  : 정인 + 편인 = 0.84 + 2.76 = 3.6 (직관형 십성)

⇒ **3.6 > 2 : 직관형(N)**

3) T/F 지표

⇒ : 칠살 = 2.64 (사고형 십성)
  : 식신 = 0.3 (감정형 십성)

⇒ **2.64 > 0.3 : 사고형(T)**

4) J/P 지표

癸0.8	乙1.0	辛0.8	癸0.6
未0.6	丑0.9	酉0.6	亥0.4
(己乙丁)	(己辛癸)	(辛)	(壬甲)
0.5, 0.2, 0.3	0.5, 0.2, 0.3	1	0.7, 0.3

⇒ 천간 : 일간 정재(1.0), 편인(0.8), 칠살(0.8), 편인(0.6)
  지지 : 편재(0.45), 편인(0.27), 칠살(0.18)

편재(0.3), 식신(0.18), 비견(0.12)
칠살(0.6)
정인(0.28), 겁재(0.12)

⇒ : 칠살 + 정재 + 편재 = 1.58 + 1 + 0.75 = **3.33 (판단형** 십성)
: 편인 + 정인 + 식신 + **0.8** × (비견 + 겁재) = 1.67 + 0.28 + 0.18 + **0.8** × (0.12 + 0.12) = **2.322 (인식형** 십성)

⇒ **3.33 > 2.322 : 판단형(J)**
▶ **사주로 풀어 낸 MBTI 성격유형 : INTJ**

※ 일간과 십성의 친밀도 산정(습관심성)에서 감각형(S)은 1.75(정재 + 편재 = 1.0 + 0.75)이고, 직관형(N) 은 1.95(편인 + 정인 = 1.67 + 0.28)로, 점수 차이는 좁혀졌으나 십성 강도 산정 결과와 같이 직관형이 우세하다. 다만 사례자의 경우 일간 자신의 특성이 정재이고 편재도 일지에 있지만, 십성의 강도 산정에서 직관형(N) 점수의 약 50%가 일간으로부터 가장 먼 연주(年柱)에 있다. 또한 시간의 편인 癸 水가 시지로부터 극을 받아 취약하므로, 사례사 사신은 습관적 심성이 감각형(S)으로 느낄 수 있다. 본 저자가 자녀를 옆에서 보기에도 감각형의 특성이 더 잘 보인다.

추가사례 (2) MBTI 성격유형 : INTP

丁1 未 (己乙丁) 0.5, 0.2, 0.3	丁1 未 (己乙丁) 0.5, 0.2, 0.3	丁1 亥 (壬甲) 0.7, 0.3	庚1 申 (庚壬) 0.7, 0.3

甲(전 당령) = 0.3 × (1 + 0.2 × 1) = 0.36

乙(전 당령) = 0.4 × (1 + 0.2 × 1) = 0.48

丁(0.3 당령) = 3.6 × (1 + 0.2 × 0.3) = 3.816 - 1(비견) = 2.816

己(부 당령) = 1

庚(부 당령) = 1.7

壬(0.7 당령) = 1 × (1 + 0.2 × 0.7) = 1.14 + 1(정관) = 2.14

1) E/I 지표

⇒ : 정인 + 정재 + 정관 = 0.36 + 1.7 + 2.14 = **4.2 (외향형 십성)**

  : 편인 + 비견 + 식신 = 0.48 + 2.816 + 1 = **4.296 (내향형 십성)**

⇒ **4.296 〉 4.2 : 내향형(I)**

2) S/N 지표

⇒ : 정재 = **1.7 (감각형** 십성)
　: 정인 + 편인 = 0.36 + 0.48 = **0.84 (직관형** 십성)

⇒ <u>**1.7 〉 0.84** : 감각형(S)</u>

3) T/F 지표

⇒ : 정관 = **2.14 (사고형** 십성)
　: 식신 = 1 **(감정형** 십성)

⇒ <u>**2.14 〉 1** : 사고형(T)</u>

4) J/P 지표

丁0.8	丁1.0	丁0.8	庚0.6
未0.6	未0.9	亥0.6	申0.4
(己乙丁)	(己乙丁)	(壬甲)	(庚壬)
0.5, 0.2, 0.3	0.5, 0.2, 0.3	0.7, 0.3	0.7, 0.3

⇒ 천간 : 일간 정관(1.0), 비견(0.8), 비견(0.8), 정재(0.6)
　지지 : 식신(0.45), 비견(0.27), 편인(0.18)

식신(0.3), 비견(0.18), 편인(0.12)
정관(0.42), 정인(0.18)
정재(0.28), 정관(0.12)

⇒ : 정관 + 정재 = 1.54 + 0.88 = **2.42 (판단형** 십성)
: **0.8** × (비견) + 식신 + 편인 + 정인 = **0.8** × 2.05 + 0.75 + 0.3 + 0.18 = **2.87 (인식형** 십성)

⇒ **2.87 > 2.42 : 인식형(P)**

▶ **사주로 풀어 낸 MBTI 성격유형 : ISTP**

※ 사례자의 경우 십성의 강도 산정이나 일간과 십성의 친밀도 산정에서 모두 감각형(S)이 우세하다. 만약 연간 庚金이 월간 丁火에게 극을 받아 정재의 특성이 완전히 상실된다면, 직관형이 약간 우세하게 나타날 수 있다. 자녀를 옆에서 지켜보더라도 감각형(S)이나 직관형(N)의 특성이 모두 뚜렷이 보이지 않아, 본 저자도 판단하기 애매한 사례이다. 그러나 비견, 겁재가 많은 사주는 감각형(S)의 강도가 상대적으로 약화되므로, 직관형(N)과의 관계를 신중히 판단할 필요가 있다.

※ 앞의 두 사례와 같이, 일간과 타 십성의 강도 계산으로 산정하는 S/N, T/F 선호지표는, 간지 간의 상호작용, 특히 겉으로 빠르게 드러나는 천간의 합극이나 천간의 상극 작용은 선호지표 결정에 민감한 영향을 미칠 것으로 예측된다. 따라서 선호지표 산정 결과의 신뢰도를 높이기 위해서는, 더 많은 사례연구를 통해 검증할 필요가 있다.

추가사례 (3)

마지막으로 눈에 넣어도 아프지 않을 두 살배기 손주에게, 손주의 사주로 풀어 낸 MBTI 성격유형을 선물하면서 본 장을 마치고자 한다.

乙1	丁1	己1	辛1
巳	卯	亥	丑
(丙庚)	(乙)	(壬甲)	(己辛癸)
0.7, 0.3	1	0.7, 0.3	0.5, 0.2, 0.3

甲(전 당령) = 0.3 × (1 + 0.2 × 1) = 0.36

乙(전 당령) = 2 × (1 + 0.2 × 1) = 2.4

丙(0.3 당령) = 0.7 × (1 + 0.2 × 0.3) = 0.742

丁(0.3 당령) = 1 × (1 + 0.2 × 0.3) = 1.06 - 1(비견) = 0.06

己(부 당령) = 1.5

庚(부 당령) = 0.3

辛(부 당령) = 1.2

壬(0.7 당령) = 0.7 × (1 + 0.2 × 0.7) = 0.798 + 1(정관) = 1.798

癸(0.7 당령) = 0.3 × (1 + 0.2 × 0.7) = 0.342

1) E/I 지표

⇒ : 정인 + 겁재 + 정재 + 정관 = 0.36 + 0.742 + 0.3 + 1.798 = **3.2 (외향성 십성)**
  : 편인 + 비견 + 식신 + 편재 + 칠살 = 2.4 + 0.06 + 1.5 + 1.2 + 0.342 = **5.502 (내향성 십성)**

⇒ <u>5.502 〉 3.2 : 내향성(I)</u>

2) S/N 지표

⇒ : 정재 + 편재 = 0.3 + 1.2 = **1.5 (감각형 십성)**
  : 정인 + 편인 = 0.36 + 2.4 = **2.76 (직관형 십성)**

⇒ <u>2.76 〉 1.5 : 직관형(N)</u>

3) T/F 지표

⇒ : 정관 + 칠살 = 1.798 + 0.342 = **2.14 (사고형 십성)**
  : 식신 = **1.5 (감정형 십성)**

⇒ <u>2.14 〉 1.5 : 사고형(T)</u>

4) J/P 지표

乙0.8	丁1.0	己0.8	辛0.6
巳0.6	卯0.9	亥0.6	丑0.4
(丙庚)	(乙)	(壬甲)	(己辛癸)
0.7, 0.3	1	0.7, 0.3	0.5, 0.2, 0.3

⇒ 천간 : 일간 정관(1.0), 편인(0.8), 식신(0.8), 편재(0.6)

지지 : 편인(0.9)

겁재(0.42), 정재(0.18)

정관(0.42), 정인(0.18)

식신(0.2), 칠살(0.12), 편재(0.08)

⇒ : 정관 + 칠살 + 편재 + 정재 = 1.42 + 0.12 + 0.68 + 0.18 = **2.4 (판단형** 십성)

: 편인 + 정인 + 식신 + **0.8** × (겁재) = 1.7 + 0.18 + 1 + **0.8** × 0.42 = **3.216 (인식형** 십성)

⇒ **3.216 ⟩ 2.4 : 인식형(P)**

▶ 사주로 풀어 낸 MBTI 성격유형 : INTP

※ 두 살배기라 MBTI 검사가 불가한 유아도 사주를 통해 MBTI 성격유형을 추정할 수 있다.

제4절 요약하기

 반자단 선생이 혜안으로 이루어 놓은 동양 명리학과 서양 심리학의 절묘한 접목과 하건충 선생이 이를 이어받아 정성적, 정량적으로 사주 심리학을 굳건하게 구축해 놓은 빛나는 성과에 후학으로서 깊은 존경과 무한한 감사를 표한다.

 본 장에서는 두 분의 성과를 기반으로, 본 저자는 사주 심리학과 융의 심리학적 유형론을 기초로 한 MBTI 성격유형과의 접목을 시도하였고, 실제 사례를 통해 상관관계를 비교, 검증하였다. 그 결과를 요약하면 다음과 같다.

 1. MBTI 검사가 채점한 점수에 따라 각 지표의 선호도가 '매우 분명', '분명', '보통 및 약간' 등으로 점수의 범주가 나누어져 있다. 마찬가지로 사주 십성의 강도와 일간과 십성 간의 친밀성을 정량적으로 산정한 결과에서도, 점수가 한쪽 지표로 치우쳐 선호가 분명한 사례도 있고, 두 지표의 점수가 비슷해서 선호지표를 결정하기가 애매한 사례도 있었다.

 2. E/I 지표의 경우, 사주가 주로 양의 간지 또는 음의 간지로 이루

어져 있으면 내향형인 I 지표가 되며, 양 일간에 대부분 음의 간지 또는 음 일간에 대부분이 양의 간지면 외향형인 E 지표가 된다. 특히 음 일간에 대부분이 양의 간지면 십중팔구 E 지표가 된다. 왜냐하면 음 일간의 십성 특성이 E 성향으로(예, 癸水 = 상관) 일간이 큰 영향을 미치기 때문이다. 음양의 간지가 골고루 섞여 있으면 정확히 산정하여 구분할 필요가 있다.

3. S/N과 T/F 지표는 십성의 강도를 산정하여 아래와 같이 각 십성에 해당하는 강도 값을 합산하여 결정한다.

- S 지표 : 정재와 편재
- N 지표 : 정인과 편인
- T 지표 : 정관과 칠살
- F 지표 : 상관과 식신

단, 사주에 비견, 겁재가 많을 때는 재성이 직접 극을 받거나 위축되어 S 지표의 강도가 상대적으로 약화되므로, N 지표와의 관계를 신중히 판단할 필요가 있다.

4. J/P 지표의 경우, 십성의 강도로 산정한 값 중에서 재성과 관성의 강도를 합산한 값은 판단형 J가 되며, 식신, 상관, 인성, 비견과 겁재 강도에 0.8을 곱해 합산한 값은 인식형 P 지표가 된다. 가중치를

얼마로 할 것인가는 다소 의견이 다를 수 있지만, 비견과 겁재를 P 지표를 산정할 때 포함해야 함은 분명하다. 왜냐하면 비견과 겁재가 P 지표의 주요 십성인 식신과 상관을 생하고, T 지표인 재성을 극하면서 관성과 대립하는 특성이 있기도 하지만, 실제로 여러 사례를 분석해 보면, 비견, 겁재가 많이 포함된 사주는 대부분 P 지표에 속하기 때문이다.

5. J/P 지표의 경우, 4항과 같이 십성의 강도로 지표를 결정할 수 있으나, J/P 지표가 외부 세계에 대처하는 생활 양식이나 행동 방식으로 나타나므로, 일간과 십성의 친밀성 순위로 '습관십성'을 분석하는 것과 관련되어 있다. 따라서 J/P 지표는 일간과 십성 간의 친밀성을 산정하여 결정하며, 이때 지지는 반드시 지지에 저장된 천간 비율을 반영하여야 하는데, 이를 반영하지 않으면 결과를 왜곡할 수 있다. 강조할 점은 일간과 십성 간의 친밀성 순위로 '습관십성', 즉 J/P 지표를 결정할 때는 일간의 십성 특성이 매우 강하게 영향을 미친다는 것이다. 그러나 독자분들이 일간과 십성 간의 친밀성을 산정하여 결정한 지표가 다소 애매하거나 수긍이 되지 않으면, 십성의 강도로 산정한 결과를 대입하여 비교, 검증하는 것도 고려할 만하다.

6. 이상의 방법을 적용하면 큰 문제 없이 사주로부터 MBTI 성격유형을 유추할 수 있으나, 독자분들이 십성의 강도로 결정한 S/N 또는 T/F 지표가 본인이 다소 차이가 있다고 느낄 수 있다. 그럴 때는 일

상생활에서 겉으로 드러나는 '습관심성'을 파악하기 위해, 일간과 십성 간의 친밀성을 산정하여 값의 크기로 순위를 정한 후, 1, 2, 3순위에 해당하는 십성을 적용해 검증해 보는 것이 도움이 될 수 있다.

아쉬움의 단상(斷想)

이 책을 끝내기 전에, 본문을 관통하고 있는 융의 심리학적 유형론, MBTI 성격유형 및 사주 심리학 등에 대해 본문에서 다루지 못했던 내용을 중심으로 가볍게 생각해 보고자 한다.[16]

1. 나의 심리 경향은 선천적인가 후천적인가?

심리 경향이 선천적이라는 학자들은 당연히 유전인자를 성격 형성의 중요한 요소로 보며, 후천적이라는 학자들은 성격 형성의 중요한 요소로 환경을 손꼽는다. 한편 융은 태어날 때 이미 심리적 경향성이 결정되므로 선천적이라는 입장이다. 한편으로는 태어나 성장하면서 관계적 환경(가정, 학교, 직장, 종교 유무 등)과 물리적 환경까지 포함해 환경의 영향으로 개인의 심리 경향이 강화되어 발달할 수도 있고 또는 약화하여 퇴보할 수도 있다고 주장을 함으로써, 다소 애매하고 일관성이 없는 견해를 가지고 있다. 물론 본 저자는 유전과 환경 요소 모두 중요하다고 보며 더 나아가 본인의 노력 또한 매우 중요한 요소로 보는데, 임상경험이 매우 풍부한 명리학자들도 같은 견해를 가지고 있다.

2. MBTI 성격유형이 나의 진짜 성격유형인가?

MBTI에 네 글자로 나타나는 성격유형이 수많은 사람의 다양하고 복잡한 성격을 전부 대변할 수는 없다. 또한 이런 질문을 접하면 가장 먼저 떠오른 단어가 '페르소나'이다. 융의 이론들 중에서도 가장 잘 알려진 개념이라 할 수 있으며, 사회에서 요구하는 행동 규범, 도덕과 질서, 의무 등을 따르는 것으로 자신의 본성을 감추거나 다스리기 위한 것이다. 또한 페르소나는 어릴 때부터 가정교육, 사회교육 등의 경험으로 형성되고 강화된다. 우리나라와 같은 유교권에서 성장하고 교육을 받은 우리는 어릴 때부터 체면, 얼굴, 낯, 사명, 역할, 본분 및 도리와 같은 단어들을 성장 과정 동안 수없이 들었다. 본 저자도 초등학교에서 '도덕' 과목, 중학교 때 '윤리' 과목을 배운 기억이 있다. 본인도 모르게 행동상의 규범으로 체화되어 있다.

따라서 MBTI에 나타난 피검자의 성격유형이 진짜 그 개인의 성격으로 나오도록 하기 위해서는 페르소나의 가면을 과감하게 벗어 던져야 하며, 그 책임은 피검자에게 있다. 즉 **MBTI 검사는 자기 보고식 검사이므로 검사 결과는 피검자가 문항에 표시한 대로 나온다**는 것을 잊지 말아야 한다.

3. 같은 성격유형을 가진 사람들 간 실제로 매우 다른 모습을 보이는 이유는 무엇인가?

본 질문은 사주를 풀이할 때도 가끔 받는 같은 유형의 물음이다. 일반적으로 자라 온 여러 환경이 다르기 때문이라고 답변을 한다. 본 저자가 알고 지내는 분의 MBTI 성격유형은 ENFP라고 하고 여러 번 반복해서 검사해도 같은 유형이 나온다고 한다. 본 저자가 앞에서 설명한 방법으로, 사주로 풀어 낸 MBTI 유형은 완전 반대인 ISTJ이다. 본 저자는 서로 다른 결과를 두고 곰곰이 생각했다. 이분의 사주에는 두 가지 특징이 있다. 첫째, 일간과 다른 십성 간의 친밀성이나 십성의 강도를 계산한 결과, I, S, T, J 지표를 결정하는 강도나 E, N, F, P 지표를 결정하는 강도가 비슷하다는 점이다. 둘째, 초년과 청년에 해당하는 전반부의 연주와 월주는 E, N, F, P 지표가 지배적이고 장년과 노년에 해당하는 후반부의 일주와 시주는 I, S, T, J 지표가 지배적이라 전반과 후반이 확연히 다르다는 점이다. 계산 결과치가 비슷한 상황에서 유형 발달이 영향을 미쳤는가? 아니면 MBTI 검사를 하는 시기와 관련하여 영향을 미쳤는가? 새로운 연구과제이다.

MBTI에서 일반적으로 설명하는 내용은 같은 성격유형이라도 그 개인이 각각 다른 환경과 상호작용하기 때문에 행동 유형도 다를 수 있다는 것이다. 역시 환경의 역동성과 관련된 영향이다. 또한 같은 성격유형이라도 각자의 유형의 발달과 검사 결과 나온 선호도 점수가 다르므로, 성격유형의 표현이나 행동 유형에 있어 차이가 크다는 것이다. 앞에서 든 예와 같이 만약 한 개인의 유형(예, ISTJ)이 잘 발달하면 때로는 자신이 선호하지 않는 기능(예, ENFP)을 적절히 발휘할 수 있다는 것이다. 이런 경우 본인이나 다른 사람이 보기에 저 사람은 다른 ISTJ와는 다르다고 생각할 수 있다. 그 지인도 친구들이 "너는 천생 ENFP야"라고 한단다.

그런데 그 지인은 회사에 근무하며, 업무를 위해 컴퓨터 앞에 앉으면 요지부동인 경리, 회계 책임자이다. 독자분들은 어떻게 판단할지 궁금하다.

이상에서 MBTI 검사 결과 주어진 각 개인의 성격유형이 환경적 영향, 사회적 역할을 감당하면서 주로 사용해 온 페르소나와 심리유형 발달의 역동성 등에 많은 영향을 받는다는 것을 알 수 있다.

한편 융은 "개인마다 선호하는 심리적 경향이 있으며 그것은 선천적으로 타고나는 것으로 환경의 강화를 받아 그 개인의 성격유형으로 발달한다"라고 하였다. 융의 이러한 심리 유형론과 맥을 같이하는 사주 심리학은, 개인이 태어날 때 주어지는 사주를 기본으로 심성을 분석한다는 점에서 선천적 자아를 찾아가는 과정이라고 할 수 있다. 결국 본 저자가 **사주를 기반으로 각 십성의 강도와 일간과 십성 간의 친밀도 분석을 통해 얻은 MBTI 유형도 개인의 선천적인 성격유형으로 볼 수 있다.**

이상에서 언급한 여러 가지 이유로, 피검자가 MBTI 검사를 할 때마다 매번 성격유형이 다르게 나타난다거나 또는 피검자가 MBTI 검사 결과로 주어진 성격유형을 수긍하지 못하고 애매하다고 느끼는 경우가 실제로 발생한다. 이러한 경우에 자신이 MBTI 검사에서 "무엇을, 어떻게, 왜 그렇게 표시(체크)했는가?"를 곰곰이 되새겨 보며, 본 저자의 사주 심리 분석 방법으로 얻은 자신의 선천적 성격유형과 비교해 보는 것도 의미가 있을 것이다.

프랑스 작가 베르나르 베르베르는 우리 모두 태어나는 순간, 부모와 성장환경이 지배하는 25%의 유전 요소와 무의식이 지배하는 25%의 카르마(업, 업보) 그리고 나머지 50%는 자유의지의 영향을 받는다고 하여 자유의지의 중요성을 강조했다. 또한 사주 명리학에서도 삶의 과정에서 결과로 주어지는 성공과 실패는 자신의 운명과 환경 그리고 노력이 거의 같은 비중으로 영향을 미친다고 한다. 한편 대만의 명리학자인 반자단(潘子端) 선생은 사람들의 길흉화복을 점치는 데 성격이 그 출발점이 되며, 성격이 확실히 일생의 사업 성패에 영향을 끼친다고 하였다. 그러므로 우선 자신의 선천적인 성격유형을 정확히 알고, 주기능, 부기능과 더불어 무의식에 더 깊이 들어 있는 3차기능과 열등기능을 의식화하여 조화롭게 개발하는 일생의 작업을 지금 바로 시작해 보는 것이 어떨까?

끝내며

　지금까지 네 장에 걸쳐 기술한 내용을 총정리하면서 마무리하고자 한다.
　제1장에서 MBTI와 사주 심리학의 기초와 근거가 되는 융의 심리학적 유형론을 간략히 살펴보았다. 제2장에서는 MBTI의 네 가지 선호지표에 대해 선호지표별 심리 특성을 위주로 비교적 상세히 기술하였는데, 이는 명리학의 십성별 심리 특성과 비교하기 위함이다. 끝부분에 네 가지 선호지표가 모두 포함된 16가지 성격유형과 성격유형별 특성을 간략히 기술하여 독자분들이 참고하도록 하였다. 제3장에는 우선 십성에 관한 기초적인 기술과 십성별 심리 특성에 대해 상세히 기술함으로써 독자분들이 MBTI의 선호지표별 심리 특성과 쉽게 비교할 수 있도록 하였다. 또한, 본 장의 상당한 부분을 할애하여 대만의 반자단 선생과 하건충 선생의 저서 중 사주 심리와 관련된 부분을 발췌하여 자세하게 소개하였는데, 본 내용은 이 책에서 가장 중요하며 핵심적인 부분으로 『사주로 MBTI 엿보기』의 기초 근거가 된다. 독자분들이 사주를 분석하여 MBTI 성격유형을 시험 삼아 추정해 보기 위해서는, 먼저 이 부분을 충분히 정독하고 이해하는 게 매우 중

요하다. 마지막으로 제4장에서는, 사주로 MBTI 성격유형을 결정하는 과정을 수치로 산정하도록 필요한 가설을 세우고, 가설을 근거로 산정하여 MBTI 성격유형을 유추한 여러 사례를 기술하였다.

본 저자는 나름대로 신뢰할 만한 이론들을 근거로 기술하고자 노력했지만, 여러 가지 부족한 부분이나 아쉬움이 있으며, 독자분들도 마찬가지로 평가할 것이라는 두려움 또한 있다. 특히 일간과 십성 간의 친밀성을 산정하는 가설에서 각 간지의 가중치를 부여한 것과 접재와 비견의 가중치를 특별한 근거 없이 0.8로 정한 것, 또한 산정을 간소화하기 위해, 천간 간의 생, 극과 간합(干合), 지지 간의 생, 극과 상충 및 간지 간의 생, 극 등에 대해 무시하고 제외한 것이다. 분명히 이러한 상호 관계들이 어떤 식이든 심리에 영향을 미칠 것이지만, 이러한 관계들을 직접 반영하기에는 임상으로 검증된 근거도 부족하고 너무나 복잡한 작업이기도 하다. 또한 하건충 선생이 주장한 '변성 심리원칙'도 적용해 보고 싶은 유혹이 있었으나 시도하지 않았다. 앞으로의 과제로 남기고, 혹시 흥미가 있는 독자분들은 시도해 보고 검증해 보는 깃도 권해 마지않는다.

최근 TV 광고에 "MBTI는 과학이다"라는 카피가 있는데, 본 저자도 그 점에 십분 동의한다. MBTI는모녀 개발자가 오랫동안 임상경험을 거쳐 개선을 거듭한 매우 과학적인 심리검사 방법이며 유용한 도구이다. 그러나 아무리 좋은 도구도 쓰는 사람에 따라 결과물이 다르듯, MBTI 검사는 피검자의 페르소나 개입 여부, 피검자의 컨디션과

검사 당시의 상황 등에 따라 결과가 달라진다. 즉 MBTI에 나타난 피검자의 성격유형이 진짜 그 개인의 성격으로 나오도록 하는 책임이 피검자에게 있으며, 이것은 이 검사가 자기 보고식 검사로, 검사 결과는 피검자가 체크한 대로 나오기 때문이다. 또한 MBTI 성격유형은 선천적이면서 동시에 후천적이라는 입장이다. 이러한 점에서 사주는 선천적이고 상수(常數)라는 상대적인 장점이 있다. 또한 유아를 포함한 검사 설문의 해독이 불가한 어린이에 대해서도 선천적 성격유형을 유추할 수 있다는 장점도 있다. 본 저자는 사주와 MBTI를 모두 접하고 연구해 온 사람으로, 어느 도구가 더 우수하다고 주장하는 것이 아니고, 둘 다 상호보완적으로 잘만 사용하면 매우 훌륭한 도구가 될 수 있다는 점이다. 그 예로, MBTI 검사를 하면 수검자들 대부분이 결과지를 받아 보고 대체로 수긍하는 편이지만, 본인이 판단하여 수검 결과에 수긍하지 않는다면 사주로 풀어 MBTI 성격유형을 확인해 보는 것도 하나의 대안이 될 수 있다. 또한 상담자나 임상가가 MBTI 검사를 통해 파악된 성격유형에 대해 MBTI의 풍부한 자료를 활용하고, 동시에 사주에서 일간과 타 십성 간의 친밀성과 십성의 강도 분석을 통해 얻은 결과에 십성의 다양한 특성을 적용하면 더 정확하고 깊이 있는, 그리고 풍성한 상담과 임상이 될 것으로 믿는다.

그러나 아직 갈 길은 많이 남았다. 본 저서를 통해 캔버스에 투박한 목탄으로 크게 그림의 방향을 잡는 밑그림을 그렸을 뿐이다. 본 저서에서 세밀하고 정교한 부분까지 묘사하고 채색하여 그림을 완성하지 못하는 아쉬움이 있지만, 본 저자의 향후 연구과제로 남겨 둔다. 앞으로, 더 세련되고 완성도가 높은 그림으로 독자분들을 만날 수 있기를 기대한다.

마지막으로 향후 추가로 연구가 필요한 분야에 대해, 간략히 소개하며 마무리하고자 한다.

• 천간의 합극, 상극과 지지의 충, 극, 합이 심성에 어느 정도 영향을 미칠 것인가?

• 하건충 선생이 주장한 '변성 심리원칙'이 과연 작동하는가?

• 연주, 월주, 일주, 시주는 각각 초년, 청년, 장년, 노년에 해당하는데, 피검자의 검사 또는 임상 시점에 해당하는 각 주의 천간과 지지의 십성이 일간의 심성에 더 큰 영향을 미치는가?

아무쪼록 이 책이 여러 가지로 부족한 점이 많지만, 독자분들의 넓은 아량과 이해와 격려가 본 저자에게는 큰 힘이 될 것임을 믿어 의심치 않는다. 독자분들의 행복과 건강을 기원하며….

감사의 글

감사의 글을 쓰면서 제일 먼저 머리에 떠오른 분은 낭월 박주현 스님입니다. 스님은 본 저자에게 이 책을 쓰게 된 계기를 마련해 주신 분입니다. 직접 대면해서 가르침을 받은 것은 아니지만, 여러 매개물을 통해 스님의 가르침을 받았습니다. 스님은 명확한 근거가 없는 명리 이론을 과감히 정리하고, 오직 음양오행의 생극제화에 근거하여 이론을 설파하고 임상한 분이며, 특히 이 책의 내용과 관련한 사주 심리 분야에서는 독보적인 영역을 구축하고 있는 분이십니다. 본 저자는 소위 가성비가 최고인 스님의 가르침을 받아 부족하지만, 이 책을 쓰게 되는 용기를 얻게 되었습니다.

그 외에도 MBTI를 접하게 되고 흥미를 갖고 공부를 할 수 있도록 기회와 교육의 장을 제공한 ㈜한국 MBTI 연구소와 어세스타 그리고 소속된 연구원과 강사분들에게도 깊은 감사를 드립니다.

또한 이 책을 원활하게 기술할 수 있도록 대만의 명리 서적을 번역하여 출간한 나명기 세무사님과 오산 팔자 심리학 연구소에도 감사를 드립니다.

본 저자가 원고는 써 놓고 출간을 어떻게 해야 할지 고민할 때 길잡이가 되어 준 지식과감성#의 대표님, 그리고 멋있는 표지를 만들어 준 디자인팀 직원분과 꼼꼼한 교정 작업으로 부끄럽지 않은 책을 만들어 준 교정팀 직원분에게도 특별히 감사를 드립니다.

  마지막으로 처음 쓰는 책이라 머뭇거리는 저자에게 용기를 주고 격려해 준 아내와 가족, 그리고 주변의 지인들에게도 고마움을 느낍니다. 비록 졸저지만 이 책을 눈에 넣어도 아프지 않을 사랑하는 지오에게 바치며 마무리하겠습니다.

인용 및 참고문헌

1. 이부영,『분석심리학(C. G. 융의 인간 심성론)』
2. 최구원, 임병학, 오명진,『분석심리학의 네 가지 유형론과 사상인의 마음작용』, 원광대학교 발표 논문
3. 이죽내,『융 심리학과 동양사상』
4. ㈜한국MBTI 연구소, MBTI 적용프로그램과정 교재,『MBTI와 Jung의 분석심리학』
5. 한국심리검사연구소,『MBTI 개발과 활용』
6. ㈜한국MBTI 연구소, 중급과정 교재
7. 홍웅희,『MBTI를 활용한 자녀지도』, 국립중앙도서관
8. 하건충(何建忠),『팔자심리추명학(八子心理推命學)』
9. 오산 팔자 심리학연구소,『최신팔자명리학비결』
10. 낭월 박주현,『사주 심리학(기본편)』
11. 진춘익(陳椿益),『팔자명리신해(八子命理新解)』
12. 한동석,『우주 변화의 원리』
13. 수요화제관주(水繞花堤館主),『명학신의(命學新義)』
14. 수요화제관주(水繞花堤館主), 나명기 역,『완역 명학신의(完譯 命學新義)』
15. 엄현주,『MBTI 검사와 사주명리학에 의한 성격유형 진단 비교 연구』, 석사학위논문(한국외국어대학교 교육대학원)
16. 김정택, 심혜숙,『MBTI 질문과 응답』, 한국심리검사연구소